MI

DESPUÉS DE *LA GLORIA POR EL INFIERNO, ¿QUÉ?*...

DESPERTAR

MI

DESPUÉS DE *LA GLORIA POR EL INFIERNO*, ¿QUÉ?...

DESPERTAR

A L I N E

grijalbo

MI DESPERTAR
Después de La Gloria por el Infierno, *¿qué?...*

© 1999, Aline Hernández Ponce de León

D.R. © 1999 por EDITORIAL GRIJALBO, S.A. de C.V.
Calz. San Bartolo Naucalpan núm. 282
Argentina Poniente 11230
Miguel Hidalgo, México, D.F.

Foto de portada: Miguel Campos

ISBN 970-05-1132-4

IMPRESO EN MÉXICO

Índice

5

Agradecimientos

Nuevamente agradezco a mis Ángeles de la guarda por acompañarme en el indescifrable y misterioso camino de la vida, por no dejarme caer y darme por vencida en la lucha por el logro de mis sueños.

A mi papá, que me da la fuerza y la seguridad; a mi familia: mamá, Beny, Yoyo y Terry (mi perro): los quiero y no sé qué haría si no contara con una familia como ustedes. Soy muy afortunada.

A todas las personas de TV Azteca que han seguido mi caso día con día, a Paty Chapoy y a todos los colaboradores de *Ventaneando*.

A mis editores, Gian Carlo Corte y Ariel Rosales, por darme la oportunidad de poder llevar mi mensaje a nivel mundial y por creer en mí como escritora.

A mis abogados.

A Gilda Moreno, por su paciencia.

A todos los que *no* creyeron en mí, gracias, porque me hicieron más fuerte cuando la verdad cayó por su propio peso.

A mis amigas y amigos: los adoro porque me hacen la vida más alivianada.

A la familia Yapor Gómez, por confiarme su historia, que estoy segura que tendrá un final feliz para ellos. A su abogado, Héctor Hugo Perea, gracias por su confianza.

Al DIF Toluca, por darme la oportunidad de hacer una labor de Chicas de Corazón Digno.

Y a todos aquellos que hicieron posible que este libro sea una realidad.

Los quiere

Aline

1. Me quería comer el mundo de una mordida

Un mundo nuevo me esperaba,
todo lo que había deseado
estaba por tenerlo
de regreso a casa.

Al día siguiente de mi entrevista con Sergio, le pedí a mis papás que saliéramos de compras. La sensación de estar de nuevo en un centro comercial y de saber que me podía comprar casi cualquier cosa que yo quisiera fue maravillosa, me hizo mucho bien, me sentía a gusto, pero, más que nada, ¡*libre!*

La palabra "libre" cobró un nuevo significado para mí. Empecé a perderle el miedo a muchas cosas: ya no tenía que rendirle cuentas a nadie, como se las rendía a Sergio; ya no tendría que pedir notas de lo que gastaba, ni robarme las almohadas o las cobijas de los aviones, ni los champús y jabones de los hoteles. Ya no habría miedo, y cuando no hay miedo hay libertad, esa libertad que todos anhelamos. Ya tomaba decisiones sola, no tenía que pedir permiso hasta para ir al baño, ni aceptar que otro ordenara por mí en un restaurante. Podía tener amigos, ir a fiestas, tomar una copa de vino y hasta fumar… aunque no me gustaba hacerlo. Quería saber y probar ¡de todo! Ah, pero eso sí, drogas nunca. Ése es un punto que intrigaba a la gente en general, a mi familia y a mis abogados, quienes siempre me preguntaron: "Aline, ¿había drogas?" *Nunca*, y le doy gracias a Dios por ello, pues lo malo que viví pudo ser peor si él nos hubiera hecho probar alguna droga. No, Sergio nos drogaba, me drogaba, pero el espíritu, el alma, la voluntad, con su forma de manipularme, de denigrarme como mujer y, en esencia, como ser humano.

Si bien muchas veces llegué a preguntarme si algún día podría volver a mi vida "normal", llegado el momento, confieso que no me costó trabajo porque eso era lo que más deseaba: ser una chica normal. Entonces decidí regresar a la escuela y, a pesar de que el año escolar ya había empezado, en enero de 1993 entré a la Helen's School, una escuela de carreras técnicas que está muy cerca de mi casa. Allí hice nuevas amigas y me interesé por aprender otras cosas.

Mi familia me trataba como si nada hubiera pasado, como si nunca hubiera dejado mi hogar. Volví a llamar a mis antiguas amigas, sobre todo a Mossy, a la que más extrañaba y quien se convirtió en mi maestra para la conquista y las discotecas. Porque, eso sí, no lo voy a negar, me volví muy "pata de perro"; iba a todas partes, sin tener por ello sentimientos de culpa. Usaba minifaldas y hacía todo lo que Sergio me tenía prohibido.

Era un mundo nuevo para mí. Ahora a las discos se les llamaba "antros"; cómo me acuerdo que cuando un amigo me dijo: "Vamos a un antro", yo me sorprendí tanto que sentí que había perdido la noción de cómo se divierten los jóvenes ahora. Era como si hubiera permanecido en estado de coma 10 años o más y de pronto despertara a la vida y tuviera a mi alcance cosas totalmente nuevas. Ahí estaba, *dispuesta a conquistar el mundo de una mordida*.

Creo que eso fue muy importante porque, como dice el dicho: "Querer es poder", y eran muchas, muchas las ganas que tenía de *vivir*. Ahora también, ¡claro!, pero ya estoy más tranquila; han pasado seis años de esa experiencia que he intentado superar, aunque sé muy bien que, como me dijera una vez mi psicóloga Verónica: "Eso va a quedar grabado en tu vida para siempre y no lo vas a poder olvidar hasta que te mueras…" Esas palabras resonaron en mi interior entonces y hasta este momento las tengo presentes, aunque procuro que ello no me impida seguir viviendo.

Recuerdo que en agosto de ese año (1993) fuimos a Ixtapa, Zihuatanejo, a pasar el cumpleaños de mi mamá. Yo tenía el trauma de que Sergio no dejaba que me asoleara. Pues bien, allí me tendía al sol el día entero, pues quería quedar negra de inmediato.

Unos días después me avisaron la fecha de la primera audiencia para divorciarme de él, quien, por cierto, no quería verme, y pidió que se recabaran las firmas sin necesidad de estar presente; pero se lo negaron y tuvimos que encontrarnos forzosamente. Lo mejor fue que yo llegué de minifalda y bronceada, súper maquillada, de tacón alto y toda la cosa. También recuerdo muy bien que al saludarme sólo me dio la mano, ¡qué bueno! Me sorprendió descubrir que su actitud era de nerviosismo y como que marcaba bien su territorio. Parecía decirme: "Ya no quiero nada contigo, a lo que venimos" Pero, en el fondo, creo que estaba temeroso, muy temeroso, como un niño en su primer día de clases, que no sabe ni qué onda. Tal vez tenía miedo de que yo denunciara entonces todo lo sucedido, tal vez sentía que había perdido el poder sobre mí y eso lo asustaba, tal vez su mundo se había desmoronado un poco, no lo sé...

Estábamos casados bajo el régimen de bienes mancomunados, por lo que, por ley, me correspondía el 50 por ciento de lo que tuviéramos hasta la fecha del divorcio. Pero, aunque entonces él tenía muchas propiedades, yo no le pedí absolutamente nada en mi calidad de cónyuge. No quería nada, no quería saber nada de él y mis papás respetaron mi decisión. Además, pedir algo implicaría mucho más tiempo de trámites y rollos legales, y yo lo único que quería en ese momento era liberarme de él y de ese pasado que, por las noches, cuando me acostaba, me atormentaba y no me dejaba dormir.

Mientras transcurría el trámite de las firmas para el divorcio, logré ponerme en contacto con Andrea, la chava con la que viví tantas cosas y que por fin logró escapar de ese infierno y llegar a la gloria: ¡su hogar! ¡Su familia! Ella me contó que Hacienda la estaba buscando porque debía un dineral por unas cuentas de banco que Sergio, para evadir impuestos, había puesto a su nombre y en las que depositaba el dinero que ganaba. La pobre Andrea no sabía qué hacer. Me dijo que Sergio le pidió que viniera al Distrito Federal a firmar unos papeles para devolverle una casa que él compró y puso a su nombre, ubicada sobre el Periférico, a la altura de San Jerónimo. Pero, justo a tiempo, ella se enteró de su problema con Hacienda por culpa de él y le dijo que si no la liberaba de esos pagos, no le devolvería la casa. Dios mío, ¡el drama que se armó! Sergio mandó a Mary Boquitas y a Gloria a Monterrey a buscarla y a hablar con ella, pues, como siempre, él no dio la cara y envió a sus representantes para defenderlo.

Gloria la tachó de ladrona por no querer devolver lo que era de Sergio y total, que se quedaron a vigilarla hasta el día siguiente, cuando lograron llegar a un acuerdo: él la liberaría de Hacienda y ella le devolvería la casa. Además, la indemnizaría por el año y seis meses que trabajó para él, a razón de 20 mil pesos por mes; bueno, menos mal, porque cuando la pobre se salió de las garras de Andrade recibió ¡siete mil pesos! por esos 18 meses de trabajo.

Yo no lo podía creer hasta que un día Sergio me mandó al licenciado Luis López para pagarme por mi trabajo y por todos los servicios que yo le brindé —como esposa, como novia, como amante, como amiga, como cantante, como corista, como secretaria, como sirvienta, etc., etc.— durante tres años y seis meses, incondicionalmente; después de no recibir un peso en todo ese tiempo, por fin me "liquidaron" con una maravillosa cantidad total de 20 mil pesos, ¡¿puedes creerlo?! Yo sé que el dinero no te devuelve la dignidad ni te paga el sufrimiento, sé que todos los millones del mundo no me recompensarían por las experiencias traumáticas por las que pasé; pero, una vez más, me ofendía, me humillaba, al pagarme esa ridícula cantidad por todo lo que trabajé para él, por todo lo que hice por él. Pero ya no me sorprendía, de alguna manera esperaba lo peor de su parte.

Mi mamá, al enterarse de la historia de Andrea y del problema de la casa, habló con mis abogados respecto a mi matrimonio bajo el régimen de bienes mancomunados, aunque les aclaró que no queríamos nada. Ellos nos aconsejaron que lo que sí debería solicitar era una liquidación laboral con todas las de la ley, pues tenía todo el derecho a ello; mi familia y yo lo pensamos bien, y accedimos. El día de la última audiencia, mi mamá habló con Sergio, le dijo hasta de lo que se iba a morir y le pidió una liquidación laboral por los tres años y seis meses que trabajé con él, a razón de 20 mil pesos mensuales, términos que él mismo le propusiera a Andrea. Mi mamá recuerda bien cómo sucedieron las cosas:

Yo volví a hablar con toda mi familia cuando supe que Aline se iba a divorciar, porque no sabía qué tipo de locuras o de represalias podría emprender este hombre. Sentíamos un temor natural ante sus reacciones y no quería que nos viera llegar solas. Nos acompañaron mi cuñado Jorge y mi hermano Juan, que nos esperaron en la cafetería.

La decisión de pedirle a Sergio un finiquito laboral nació, en primer lugar, del coraje que tenía por todo lo que le hizo a Aline (y eso que entonces, en realidad, no estaba enterada de muchas cosas). Como unos meses antes del divorcio Sergio liquidó laboralmente a una de las chicas, yo pensé: "Pues me parece justo que mi hija tenga una recompensa por lo menos monetaria, que se pueda comprar si-

quiera, no sé, un carro o algo, que pueda viajar o salir a algún lado, o que pueda adquirir un bien para su futuro". Lo pensé mucho, lo comenté con mi esposo y mis hermanos e hicimos un cálculo —basándonos en lo que le dio a esta niña— de lo que le correspondería a Aline por tres años y seis meses de trabajo.

Después de la firma en el juzgado de Coyoacán, él salió casi corriendo. Afuera lo esperaba un "guarura", cerca del Lincoln negro en el que llegó. Estaba muy inquieto, miraba hacia todos lados, como alguien que sufre delirio de persecución. Tal vez tenía miedo de que mi hija hubiera denunciado todo lo que había pasado; creo que en realidad eso era lo que estaba pensando.

Cuando iba saliendo del juzgado le dije:

—¿Sabes qué, Sergio? Tengo que hablar contigo.

—¿En dónde? —preguntó.

—Pues aquí.

—No —contestó—, vamos a un lugar donde haya gente.

Él ya había empezado a caminar y yo lo seguía; entonces regresó al parquecito cercano, donde había más gente. No sé qué le pasaba por la mente, imagínate el pavor del tipo para llegar al grado de decirme eso.

Conteniéndome lo mejor que pude, le dije:

—Bendito sea Dios que todo está terminando de la mejor manera; para mí eres el peor tipo sobre la faz de la Tierra.

Y él me contestó:

—Antes de que continúes, te voy a decir una cosa: yo no soy un monstruo.

O sea, él suponía que yo ya sabía todo, pero la verdad es que sólo estaba enterada de una mínima parte de lo que sé ahora. Mi respuesta fue:

—Mira, eso lo dirás tú. Si en lo personal no te sientes un monstruo, para mí sí lo eres y, tomando en cuenta el tiempo que Aline estuvo contigo como tu sirvienta, secretaria, mandadera, amante, pero nunca como esposa (porque nunca le diste el trato de esposa, ni le diste un hogar, ni formaste una familia como me prometiste), tomando en cuenta que fue tu empleada de tiempo completo e hiciste con ella lo que quisiste, quiero que le des un finiquito laboral.

—Sí, cómo no —contestó.

—Mira, aquí están las cuentas —saqué el documento que llevaba—, calculando los meses que estuvo contigo de medio tiempo y los de tiempo completo, y quiero que sepas que estoy al tanto de algunas cochinadas tuyas. (Yo me refería al rumor que corría en esos días acerca del aborto de una de las niñas.)

Lo único que atinó a hacer fue repetir:

—Yo no soy ningún monstruo, por favor, entiéndelo.

Le respondí:

—No me interesa entrar en diálogo contigo, ni quiero que me platiques ni me expliques si eres o no un monstruo. Lo único que quiero es que le respondas a mi hija con un finiquito laboral.

Llamó a su abogado que estaba parado por ahí, y a quien, por cierto, yo no había visto, y en pocas palabras le dijo:

—La señora quiere que se firme un finiquito laboral, encárgate de hacerlo todo legalmente.

De inmediato yo le aclaré:

—Claro que se va a hacer legalmente, pero por medio de mi abogado, no del tuyo.

Me pidió que le diera una semana para reunir el dinero; después le pregunté:

—Bueno, entonces, ¿con quién me pongo de acuerdo para el pago de impuestos y todo eso?, porque un pago así genera impuestos.

—Yo no pago un centavo de impuestos ni nada —respondió con brusquedad.

De esta manera la cantidad que Aline recibió bajó muchísimo, aparte de lo que se les pagó a los abogados, que en aquel entonces fue entre 60 y 70 mil pesos, si mal no recuerdo.

Me prometió que su abogado me hablaría al día siguiente, que le dejara mis números de teléfono y *se despidió lo más rápido que pudo de mí. Nunca me dijo: "Estás loca, cómo crees que le voy a pagar esa cantidad". Sus palabras fueron: "Como tú quieras, lo que tú quieras, dime a qué dirección deseas que vayan o a qué teléfono quieres que te hable". Creo que suponía que yo estaba enterada de su conducta y mi exigencia era hasta cierto punto un chantaje, ¿no?, si te pones en ese plan. Ah, pero no, si lo hubiera sabido entonces, no le habría salido la cosa tan fácil, creo que no le habría pedido un finiquito laboral, a lo mejor estaría ya en la cárcel. Y pienso que eso era lo que él temía.*

Como ves, no le quedó otra más que pagar y todo se hizo de manera legal, ante notario. Con ese dinero pude ayudar a mis papás, porque justo cuando yo regresé a mi casa, los negocios de papá Benito se fueron a la quiebra y nos quedamos sin nada: sin casas, sin autos, etc. Como yo estaba acostumbrada a vivir en forma muy austera, no lo sentí; para mí la crisis económica por la que atravesaban mis papás no fue tan fuerte. Es increíble; como dice mi mamá: Dios te da algo pero te quita otra cosa. Ella ya me tenía en casa, que era lo más importante, pero ya no había ni para comer.

Pues bien, ese dinero nos sirvió para salir adelante y para hacer dos o tres viajes (¡deseaba tanto conocer algunos lugares!). Poco después me compré un coche, igualito a uno en el que un muchacho iba a recoger a su novia a la escuela. Me gustaba tanto ese Jetta, color verde metálico, modelo 93, que acabé por comprarme uno idéntico. Aunque mis papás querían que lo comprara a plazos mensuales, me desesperé y no les hice caso. Un día, me dediqué a llamar a todas las agencias de Volkswagen que conocía, para averiguar en cuál de ellas había un Jetta verde con quemacocos y automático (porque no sabía manejar estándar). Total, que di con la agencia que tenía mi coche anhelado ¡y que lo compro!

El vendedor se sorprendió cuando llegué y le dije: "Lo quiero, ¡démelo!" Una chavita como yo, de ya casi 18 años en ese momento, comprando un auto de contado. En la agencia se quedaron felices, deseando tener siempre clientes como yo. Pagué con un cheque y me lo llevé, así, como quien va a comprar una hamburguesa para llevar.

Pero Diosito me castigó, porque justo al mes me lo robaron a la puerta de mi casa y me acuerdo que lloré como loca… y todo por no haberles hecho caso a mis papás. Bueno, una lección más que aprender.

Después de divorciarme, sentí que me había deshecho de una enorme carga y que, ahora sí, podía comenzar mi vida de nuevo. A pesar de todo lo que pasé, las humillaciones, los castigos y demás, seguía creyendo que yo nací para ser artista y estaba segura de que no todo el medio era tan malo. Pensaba que sería muy mala suerte que me volviera a pasar lo mismo. Creo que cuando una nace artista, nadie se lo quita...

Si ya has pisado un escenario, en las circunstancias que sean, no quieres abandonarlo nunca y yo estoy hambrienta de eso, de subir a un escenario y entregarme al público, así como lo estoy haciendo ahora escribiendo esto para ti. Soy una chava muy entregada a su trabajo, a su carrera, ansiosa de "comerme el mundo de una mordida". Por eso creo que cuando regresé a casa y dejé pasar algún tiempo alejada de la "artisteada", sentía que algo me hacía falta, aunque no sabía a ciencia cierta qué era. En ese momento tenía casi todo lo que podía desear: mi familia, mis amigos, mi novio; en otras palabras, podía hacer lo que quisiera. Pero definitivamente extrañaba cantar, bailar, componer; eso nunca lo dejé de hacer, por el contrario, compuse más canciones y pensamientos que nunca, y no te sorprendas de que algún día me decida a publicarlos.

Un día me armé de valor y le dije a mi mamá: "Quiero seguir en el medio artístico, quiero grabar unos *demos* con mi tío Iván", y ella, en vez de querer morirse de la impresión, ¡me apoyó!

Así empezó la búsqueda; ya había cumplido 18 años y busqué a alguien que hiciera los arreglos de algunas canciones, mías, por supuesto, y otras de distintos compositores. El resultado no fue el que yo deseaba pero ¡en fin!, nunca quité el dedo del renglón. Como parecía que no era el momento para mí, dejé pasar el tiempo y me dediqué a otras cosas, al amor, por ejemplo, a mis amigas, a mi apariencia física. Trataba de mantenerme ocupada al cien por ciento para olvidar la mala época de mi vida que acababa de superar.

Mi inquietud por salvar a las chavitas que se habían quedado con Sergio no me dejaba dormir, hasta que un día pude ver a Andrea, quien vino a solucionar el asunto de la casa. Ambas decidimos ir a Los Mochis a hablar con la mamá de Marlene; no tenía la dirección, pero sí recordaba el nombre de la calle: "Parque Mochis" y, como ya había ido antes, estaba segura de que la recordaría de volada. No es que quisiera ser la heroína del cuento ni mucho menos, sino que sabía lo que estaban pasando y quería rescatarlas.

Al comentarle a mi mamá mis intenciones, me dijo con seriedad: "Mira, hija, yo entiendo tu inquietud de querer ir a salvar a Marlene, esa niña que tú llevaste con Sergio, o de poner al tanto a su familia. No te deja tranquila el saber que ella está ahí por ti; pero primero tienes que arreglar tu propia vida, estar bien tú para que puedas ayudar a otras chicas". Entendí que tenía razón y, cuando llegó el momento adecuado, decidí publicar mi primer libro, en el que conté todas mis terribles experiencias al lado de Sergio Andrade y Gloria Trevi.

La idea del libro surgió unos cuantos meses después de regresar a casa. Esa necesidad de sacar lo malo de mi interior y de desahogarme con alguien me llevó a escribir un diario, a partir del cual pensé hacer el libro al que, originalmente, quise llamar *La gloria y yo*. Y así, mientras seguía con mi vida, continuaba escribiendo, lo cual fue para mí como una terapia, una ayuda enorme para sacar mis tensiones.

Tiempo después, en 1995, me encontré con Rubén Aviña, y para mí fue muy significativo conversar con una persona que estuvo en contacto algún tiempo con gente de mi pasado. Rubén ya sabía muchas cosas que yo vine a confirmarle con respecto a Sergio y su mundo enfermo. Me dijo que tenía muchas ganas de escribir un libro sobre Andrade y yo le hablé de mi deseo de hacer uno en el que pensaba narrar todas las experiencias que viví al lado de él y su grupo. Enseguida se ofreció a ayudarme a echar a andar el proyecto y decidimos hacerlo juntos. Poco después concretamos todo y en mayo de 1997, al terminar la grabación de la telenovela *Al norte del corazón*, empezamos.

Fueron sesiones difíciles porque de pronto me vi contándole a alguien cosas que sólo compartía con mi almohada, pero con11 paciencia y entrega total al proyecto, tras ocho meses de trabajo, vimos el resultado. No sabes lo bonito que sentí cuando Rubén me entregó el primer borrador del libro. Todavía no definíamos el título ni nada, pero yo me sentía muy bien por haber vertido en esas páginas todo lo que traía dentro y que tal vez pondría fin a mis interminables noches de insomnio.

2. El novio de Aline

El encantamiento es un estado de trance temporal. Sin embargo, el enamoramiento puede durar más tiempo; en cambio, el amor puede ser longevo.

¡Ay, el novio de Aline! He tenido varios novios, pero de todos, pocos realmente sinceros, honestos, aunque —como te comenté ya—, yo me quería comer el mundo de una mordida y quería conocer muchos chavos, ser apreciada, que me quisieran, que les gustara. Mi autoestima estaba superbaja y lo que buscaba siempre era arreglarme, verme bien y ponerme toda la ropa que no había podido usar durante tanto tiempo.

Un día conocí a alguien, es una larga historia; un chavo con quien no pude llegar a gran cosa por convenciones de tipo religioso: él era judío y yo soy católica, y es claro que una relación formal no se la habrían permitido. Duramos unos dos años y medio y él me ayudó a salir adelante en muchas cosas. Yo creo que él fue el chavo con el que siempre pensé que podría ser feliz. Fue en realidad mi primer amor.

Cuando lo conocí, no me atreví a decirle que había sido casada y había vivido ciertas experiencias. No, tenía miedo, mucho miedo, porque no quería que él lo malinterpretara o se molestara; me daba un pánico espantoso que por eso terminara una relación tan padre como la que llevábamos.

Hasta cuatro meses después de que empezamos a salir me atreví a confesárselo, porque era algo que no podía callar, que era necesario que él supiera, algo que no me dejaba dormir: que a los 17 años ya era divorciada; le hablé un poco de esa experiencia, pero, por supuesto, sin contarle los detalles, porque no tenía el valor de hacerlo. Lo único que hizo fue quedarse callado y al preguntarle: "¿Me perdonas?", me contestó: "No tengo nada que perdonarte" y me dio un beso en la frente. Todavía lo recuerdo a la perfección. Nuestro noviazgo continuó, obviamente, con los truenes y las peleas normales, pero también con los momentos bonitos, que son los que conservo vivos en mi memoria.

Considero esta experiencia como algo importante en mi vida, pues él era todo un hombre, de 27, casi 28 años y yo tenía sólo 17, casi 18. Me pude entender muy bien con él porque quedó huérfano desde muy chavito y tuvo que salir adelante por sí solo;

quizá por eso nos identificamos y nos entendimos por completo. Además, creo que era esa madurez suya lo que yo necesitaba en ese momento, no andar con un niñito a quien al contarle todas mis cosas me dijera: "Ay, no, cómo que eres divorciada", "¿Sabes qué?, no me late eso, no me pasa", o, como dicen ahora los chavos: "¡No inventes!" Tal vez alguien inmaduro hubiera tomado la decisión de mejor dejarla hasta ahí, ¿no? Muchos chavos de hoy no se quieren aventar un compromiso, y eso yo creo que hay que arreglarlo, porque las relaciones humanas son cada vez más difíciles; no resulta tan fácil entenderte con otras personas: con el novio, con tus amigas, con tus compañeros de trabajo y hasta con tu propia familia.

A pesar de que esa relación tan bonita terminó, por supuesto que sigo creyendo en el amor y en que todavía hay gente buena en este mundo, porque lo confirmo a través de la convivencia diaria. Aunque me dolió muchísimo la separación, yo seguí haciendo mi vida, estudiando, preparándome.

Le compuse a él muchas canciones y pensamientos, escritas en ese momento con todo el corazón. Aquí incluyo uno de ellos, que titulé "Así es nuestro amor":

"Así es nuestro amor"

Demasiado bello para ser verdad,
demasiado amor para llegar al final,
demasiada fantasía para un solo cuento,
cuánta alegría por algo muerto.
Pero así es el amor,
así es nuestro amor;
ser tan iguales y a la vez
tan diferentes,
ser tan emotivos
y tan elocuentes;
¿a qué le tiro jugando contigo?,
a qué le tiro, sólo al suicidio.
Pero así es el amor,
así es nuestro amor;
soñar despiertos, qué gran momento,
vivir los sueños ya no es tan bello.
Pero, ¿qué puedo hacer?
Por ti cualquier cosa haría;
nos separan palabras, tonterías,
religiones y fantasías.
¿Qué le importa nuestro amor al cielo?
¿Qué le importa si nos queremos?
¿Por qué es tu mundo tan pequeño?
Aún Dios mío no lo entiendo,
aún no, pero así te quiero.

28

¡Creo que después de leer esto te darás una idea de lo romántica e inspirada que puedo llegar a ser algunas veces!

Pese a que el noviazgo terminó hace tiempo, él es el único a quien hasta la fecha veo con frecuencia, y con quien seguido hablo por teléfono. Es una relación que no acaba de terminar porque hubo mucho amor de por medio.

Poco a poco, empecé a salir de nuevo y a conocer otros muchachos, hasta que llegó uno con quien no me duró mucho el gusto. Entonces conocí la traición… Prefiero no decir nombres, pero con él aprendí también qué son la decepción y la desilusión, las cuales —pensando filosóficamente— me parece que son etapas que cualquier ser humano debe superar en su vida y que, en todo caso, sirven para madurar. Definitivamente, son los trancazos los que te hacen crecer y adquirir la experiencia necesaria para enfrentarte a otros problemas posteriores.

En esa época me sentía muy fuera de lugar andando con chavitos de mi edad. Al principio era muy padre, pero llegó un momento en que se me hacían tontos, muy tontos. Claro, me gustaba divertirme y platicar con ellos, pero nuestra forma de pensar era diferente por completo. Había cierta confusión en mis aspiraciones: yo quería a una persona madura, psicológica y emocionalmente hablando —como el novio con quien sostuve una relación de dos años y medio—, pero a quien también le gustara salir y divertirse. Fue un conflicto existencial tremendo.

No puedo llamar "mala suerte" a mis experiencias con respecto al amor; tan sólo parece que no he encontrado a la pareja correcta, con quien me pueda identificar a plenitud. No existe el compañero perfecto, lo sé bien, pero las relaciones se van construyendo y forjando con paciencia, con amor, con entrega y con sacrificio.

Hay un muchacho que significó mucho para mí, Erick, a quien no sé si calificar como el amor de mi vida o mi amor frustrado; me he preguntado infinidad de veces qué será en realidad. Lo conocí en una cena en casa de unos amigos y me pareció tranquilo, tierno y solitario. Recuerdo que estábamos comiendo y él no miraba a nadie, se veía como ausente. Me dijeron: "Mira, él es Fulano" (pertenecía a un grupo de chavos que fue muy famoso). Esa noche empezamos a jugar, ya sabes, lo típico de las preguntas y cosas así, y yo lo veía y se me escurría la baba. No es que me gustara tanto en el aspecto físico; más bien, caló hondo en mi interior. Después de jugar fuimos a bailar y él se portó muy tranquilo conmigo. Cuando nos despedimos no me pidió mi número de teléfono y me sentí un poco desilusionada.

Cuatro meses después, yo seguía sin olvidarlo y pensaba: "Ojalá me lo encuentre o pueda tener su número para hablarle" Y, una noche, que lo veo fuera de una discoteca. Me saludó y me abrazó como si fuéramos amigos de años y, como comprenderás, el corazón casi se me sale del cuerpo. Iba con su mamá y ella me dijo: "Es su cumpleaños" y yo, pues lo felicité y le dije: "A ver cuándo nos vemos". El viernes siguiente nos encontramos en el mismo lugar, platicamos y, por fin, me pidió mi número y yo, el de él.

El domingo me habló y salimos. Fue un día inolvidable; hubo una identificación muy bonita entre nosotros: imagínate, él canta, compone, es súper talentoso, sensible, además de que tiene una mirada que parece que no mata ni una mosca… es bien lindo. Ese día —y no sé cómo se me ocurrió—, le dije:

—Te voy a regalar un perro.

Él contestó:

—Bueno.

—¿Qué perro te gusta?

—Los Scotch Terrier (como los de la marca Ferrione).

—Entonces es un hecho.

Desde ese día le puso nombre al perrito (Alik), que es una combinación de nuestros nombres. Por cierto, somos tocayos de nombre: él se llama Erick Alan y yo Erika Aline. Qué cursi, ¿verdad?, pero yo pensaba: "Ay, qué bonito".1 Desde chiquita quería tener un novio que se llamara Erick como mi papá; no sé por qué, es una fijación.

Total, que anduve buscando perros de ese tipo por toda la ciudad y cuando se lo di, se puso como loco y no quería aceptarlo. A partir de ahí comenzó una relación maravillosa. Yo me moría de la risa con él, le ponía miles de apodos (el fantasma, el OVNI y, por último, se le quedó Papá Pitufo). Yo le digo Papá Pitufo y él a mí, Pitufina.

Erick me inspiró muchas canciones; con él no tenía que aparentar cosas, podía ser tal cual soy. En esa época estaba en la escuela de actuación y llegué a faltar varias veces por ir a verlo montar a caballo.

Me parecía increíble, derecho, auténtico, simpático y era muy cariñoso conmigo. Me seguía la corriente en todo y viceversa. Por ejemplo, nos encantaba actuar en la calle. A veces, yo caminaba hasta una esquina y él hasta la otra, veníamos corriendo, tropezábamos, se me caían los libros, él los recogía y me daba un beso. Todo esto simulando que nos acabábamos de conocer. Una noche, en una discoteca, nos pusimos de acuerdo y representamos un "numerito", haciendo creer a todos que estábamos peleando seriamente y nos salió muy bien. Todo mundo se creía nuestros cuentos. Por todos esos momentos, por su sinceridad, por ayudarme a vivir la alegría que tanta falta me hacía, Erick fue muy importante para mí.

La relación no duró mucho, pero tampoco acabó mal. Él se alejó y no sé por qué; me encantaría saberlo. Yo creo que a todo le llega su fin, pero mientras duró fui feliz, me divertí mucho, la pasé increíble y además me sirvió, porque él no me dejó nada malo, puras cosas buenas. Ahora me arrepiento de no haber hecho nada por retenerlo, de no haber luchado, pero me daba miedo que pensara que lo estaba presionando. Hasta la fecha somos amigos, nos hablamos de cuando en cuando y nos vemos con mucho gusto, y eso es lo más padre.

Aquí incluyo un pensamiento dedicado a él, que escribí porque sentí que había encontrado a una persona muy especial. En él describo el momento en que lo conocí y todos los sentimientos que despertó en mí. Se llama "Y ahí estabas" y, según yo, está precioso; a ver qué opinas tú.

"Y ahí estabas"

Cuántas veces me he preguntado:
¿cuándo, cuándo llegará la tranquilidad
a mi vida?
Y todos sólo dicen:
¡cuando menos te imaginas!
Pero si yo me imagino cosas;
cada momento, a cada rato sueño y fantaseo
y de pronto, de verdad que fue un momento
mínimo que yo no imaginaba y...
¡ahí estabas!

Ahí estabas con tu mirada perdida
en la sopa mientras comías
y entre toda esa gente no te sentía.
Yo veía lo que estaba frente a mí:
un hombre con el alma herida
y que parecía encerrado en su mundo,
sin querer dejar entrar a nadie,
ni siquiera a un alma vacía como la mía
que poco a poco se identificó con lo más
profundo de tu ser,
con tus ojos vacíos, perdidos
y tu alma solitaria que se veía sin fuerzas,
sin ganas, así nada más, sin ganas.
Pero ahí estabas, y mi cuerpo se impactó
súbitamente con un recuerdo,
con un "cuando menos te imaginas".
Esas palabras resonaron
en todo mi ser, en todo lo que soy
y no me quedó la más mínima duda de que
"cuando menos te imaginas" había llegado.
Claro, por un lado tu mente dice:
"No, son tonterías", pero si mi corazón
y mi alma se llenaron de alegría en el instante
en que crucé palabra contigo,
en que intercambié ideas contigo,
en que me identifiqué contigo,
no necesité más de un par de horas
para darme cuenta de que
"ahí estabas", que eras tú.

Y cuando vi que te marchabas
y ni un rastro dejabas,
y cuando pude darme cuenta de que eras tú,
que un pedazo de mi alma se quedó con tu alma,
sentí que por dentro me ahogaba.
Por eso, siempre que te encontraba o te hablaba,
mi cuerpo volvía a la normalidad,
aunque fuera por sólo un instante
o un par de horas.
Pero al dejarte, otra vez lo mismo:
el vacío, el hueco en mi alma, en mi corazón.
Por eso, tan sólo por eso quiero que sepas
que "ahí estabas",
que eras tú la otra mitad de mi alma, de mi vida,
y Dios ya nos dará el momento,
el tiempo correcto para estar juntos,
porque esto que yo siento
y que también es un reflejo de tus sentimientos
está ahí, está vivo,
pero escondido entre nosotros.
Y yo sólo espero que mantengas vivos
los momentos de alegría
y te acuerdes que las cosas siempre pasan
"cuando menos te imaginas".

La vida siguió su curso normal, a pesar de todo. Ahora tengo 23 años y he tenido otros amigos muy agradables, pero a ratos... ¡ni yo me entiendo! Digo que no quiero a alguien de mi edad y siempre acabo con los jóvenes como yo. En fin, son cosas de la vida; no se puede tener siempre lo que uno quiere, ¿verdad? Sin embargo, creo que soy una persona que intenta ser feliz con lo que tiene y en un tiempo él mostraba que me quería de verdad, por muchas razones.

Hasta hace poco salí con un muchacho joven, de mi edad. Cuando empezamos a andar juntos, él estaba en un grupo que iba a ser lanzado y le tenían prohibido verme o hablar conmigo. Cuando el productor se enteró de que salíamos (va de nuevo con los productores), le dijo que "mi imagen no era muy buena y no le convenía andar conmigo". Llegó el momento en que teníamos que escondernos y yo usaba otro nombre cuando le mandaba "bips" o le llamaba a la oficina donde ensayaba. Por fin, el dichoso grupo nunca se formó porque los chavos se pelearon con el productor (¡qué raro!), algo que se ve todos los días en el mundo del espectáculo.

Ahora quiero contarte que tuve una presentación muy importante del lanzamiento de la revista *Corazón grupero*, donde canté. Mi "ex" se quedó solo unos momentos y no faltó la típica vieja aprovechada y envidiosa (que por cierto trabaja como reportera) que le preguntó por qué andaba conmigo, que si yo era "el momento"; le dijo que no le convenía porque estaba "muy quemada" con lo de mi libro y que mejor anduviera con Annete Michel o Kate del Castillo. Él se quedó de a seis. Lástima que yo no estaba cerca para decirle a esa tipa lo que se merecía.

¿Tú crees que si mi único propósito hubiera sido hacerme publicidad habría dado a conocer aquella etapa tan difícil de mi vida? No ha sido fácil enfrentarme a cosas bastante desagradables y a este tipo de personas maliciosas y sobre todo ignorantes, por no decir ¡tontas! ¡Por Dios! ¿Hasta cuándo vamos a acabar con las envidias y con la gente que no ha hecho nada ni por sí misma ni por nadie? A esto me he arriesgado en mi esfuerzo por salvar a otras personas de lo que yo sufrí, por denunciar lo sucedido... Y no me arrepiento: yo sabía que esto podía pasar, que habría resentimientos, envidias y críticas negativas, aunque la verdad, no esperaba que fueran tantas ni tan crueles. Porque a raíz de que publiqué mi libro, a más de un galán me han espantado personas como ésas.

En fin, yo sé que no es fácil tener una novia de quien más de cien mil personas conocen hasta su vida sexual (bueno, parte). Por un buen tiempo, a él no pareció importarle tanto ese tipo de cosas. Claro, a veces sí le afectaba y me lo hacía notar, pero es normal, somos seres humanos y yo lo entiendo. Por eso traté de que nuestra relación fuera buena en todo lo posible, que superara los problemas que se presentaban a cada momento.

Por lo que tú ya sabes, si leíste mi libro anterior, me resulta muy difícil tener una relación estable con alguien de mi edad, porque los chavos de hoy son un poco orgullosos y muy machos, y como que no soportan la idea de que una chava pueda más que ellos en muchos aspectos. Se dice que el hombre es más fuerte que la mujer; yo no lo creo. A veces pienso que estaría bien andar con un cuarentón, pero tampoco es eso lo que quiero.

En definitiva, no creo ser hija de la mala vida ni que me guste sufrir; sólo espero que el hombre que yo escoja esté bien ubicado, que sepa bien lo que quiere en la vida y su personalidad esté definida en todos los aspectos. Y tengo fe, algo que nunca hay que perder; el que no tiene fe no tiene una razón para vivir. Yo la tengo. Sé que todo llega a su tiempo; tal vez mi tiempo del amor no ha llegado pero, en cambio, ahora tengo muchas cosas maravillosas: un disco, un libro, este segundo libro que estoy haciendo, una fundación maravillosa donde convivo con adolescentes que me están ayudando mucho. En fin, cosas que me alimentan y me hacen sentir cada día que lo que hago está bien ¡y eso para mí es grandioso!

Ahora, mi noviazgo terminó y ha sido muy triste darme cuenta de que a veces la gente te utiliza, de que un novio pueda tener tantos celos de tus triunfos profesionales y de tu fortaleza. Es muy triste tener 23 años y estar sola; me ayuda mucho tener grandes amigas y amigos, pero sí lamento que hasta este punto de mi vida no haya podido probar, por decirlo así, no haya podido saborear qué se siente tener una pareja estable en todos los sentidos. Tal vez lo que necesito es una relación como la que tuve con mi antiguo novio (el que me llevaba casi 10 años), que sabía lo que quería en la vida y estaba muy seguro de sí mismo.

¿Qué pasó con el noviazgo que parecía ir bien? Yo ayudé a mi novio, lo apoyé en todo lo que pude. No me importó que no tuviera dinero, y nunca quise hacerle sentir mal. Lo presenté en Azteca Digital, para lo de las novelas; lo llevé a la escuela de actuación de TV Azteca, en la que tuvo la suerte de que lo aceptaran —lo cual no es nada fácil— a prueba durante un mes.

Terminamos porque, sinceramente, yo no podía andar con alguien tan inseguro e inmaduro. Él volvió con su ex novia, que vive dedicada a él por completo; yo no puedo, primero está mi público y la gente que me sigue, y no una pareja que no sabe qué hacer con su vida.

Como no quiero seguir jugando a la víctima —que tampoco me queda—, prefiero comentarte que había muchas cosas que no me hacían del todo feliz; de hecho, no estaba muy contenta con él. No sé por qué los seres humanos siempre esperamos a que pase algo terrible para poder terminar con una relación. Nunca tenemos el valor de decir: "¿Sabes qué?, aquí terminamos", por el simple miedo a estar solo, a quedarte solo. No en vano dicen que en la soledad, hasta la peor compañía es buena (aunque con eso no quiero decir que él sea lo peor).

Omito su nombre, y la razón de haberle ayudado tanto es que no soy interesada en lo absoluto; si lo fuera, andaría con algún ejecutivo rico, con un Mercedes último modelo, que me invitara de viaje a donde yo quisiera y me comprara cosas. Pero no es mi tirada, no es lo que busco, no es lo que quiero hacer como persona. A golpes se aprende la lección, aunque nos dejan muy lastimados. Pero gané algo, y es algo que nunca olvidaré: que una tiene que valorarse más, tiene que darse su lugar como mujer, respetarse, aprender a decir *no* y a pensar más en una misma, a que aquí lo primero es una, después una y hasta el final, una misma. No hay de otra.

Todas las noches, antes de dormir, rezo un Padre Nuestro, dos Aves Marías y al Ángel de la Guarda, y hablo con mi papá que está en el cielo (porque sé que ahí está). Le pido, por ejemplo: "Si este niño no me conviene, ya quítamelo, no quiero sufrir"; y no me ha pasado una vez, sino varias, que cuando le pido eso, al día siguiente mi relación con X o con Z termina. Eso sucedió con este novio; esta vez le pedí: "Si este chavo no es para mí porque viene alguien más que me va a hacer más feliz que él, ya quítamelo". Al día siguiente, todo terminó, después de algunos meses de compartir mi vida con él.

Ahora bien, no me considero fracasada en absoluto; no creo en la palabra "fracaso" y no me gusta pensar en ella, ni mencionarla siquiera. Tengo una larga vida por delante. Primero necesito desarrollarme más como artista, por ejemplo, con mi disco que va a salir muy pronto. En el momento que te cuento esto, estoy firmando con la compañía disquera para que el disco se lance en abril. Es algo que me tiene contentísima, por ello he luchado toda mi vida, toda, desde que era chiquita y por fin lo estoy obteniendo; después de muchos tropiezos y un sinfín de obstáculos, lo estoy logrando. Siento que no me he dado por vencida, que siempre trato de mirar hacia adelante y superar los obstáculos que vayan surgiendo. En mis rezos también le pido a Dios que no permita el verme derrotada, sin un motivo para dar mi mejor esfuerzo.

Mi ex chavo decidió reanudar una relación que, según me platicó, era de esas tormentosas, que tronaban mucho; no sé qué haya de cierto, pero a él, a todos en general y a mí misma me repito: hay que dejar atrás el pasado. Por eso escribí un libro, por eso dije lo que tenía que decir, porque, aunque la gente me juzgue, el que yo me sienta mejor cuenta mucho para mí. He dejado atrás ese karma, esa mala vibra que parecía no querer abandonarme; esa energía negativa que no me permitía salir adelante, y aspirar a ser feliz. Todavía debo deshacerme de otros problemas que llevo a cuestas, pero eso, que era lo más importante, ya me lo quité de encima y me siento satisfecha. He aprendido de mis errores y eso me hace ser más fuerte para seguir mi camino. Las cosas pasan por algo: de hecho, yo estoy empezando a hacer una carrera y por ahora no tengo tiempo para dedicárselo a un novio.

Los seres humanos somos tan obstinados que nos aferramos a lo que no se puede, a lo que no es; nos encantan el mal trato y la mala vida. ¿Un consejo? No te aferres. Sigue adelante, pero no te aferres. Así lo haré yo: voy a ver siempre hacia el frente, a desterrar lo que no me dejó avanzar, y sacar de lo malo todo lo bueno que me dejó. La próxima vez, antes de involucrarme en el aspecto sentimental con alguien, veré qué terreno estoy pisando. Primero intentaré averiguar cuáles son las intenciones del muchacho que me interese, cuáles sus inquietudes profesionales, sus deseos, sus anhelos. De una cosa sí estoy segura: si me dijera: "Ah, pero dejas tu carrera por mí", simple y sencillamente no lo haría.

En este asunto de los amores, te pido que me hagas caso, que algo de experiencia ya tengo: cuando sientas que algo anda mal, no pienses que son alucinaciones; es porque hay algo mal. Los seres humanos tenemos un sexto sentido y debemos prestarle la debida atención; aprendemos a pensar y, dicho de alguna manera, a querernos un poquito más después de nuestros pequeños o grandes fracasos.

3. Compañeras del mismo dolor

Yo me fui y ellas se quedaron.
Cómo hubiera deseado compartir
con ellas toda esa libertad
que les falta.

A raíz de que salió a la venta *Aline: la Gloria por el Infierno*, aparecieron muchas chicas diciendo que era verdad todo lo que expuse en él. Las entrevistaron incluso en programas como *Ventaneando* y *El ojo del huracán*, y ahí afirmaron que todo era cierto. A muchas no las conocía, pero lo irónico del caso es que las que sí conocía muy bien, como Marlene, Katia, Gaby, Sonia y Wendy, no respondieron como yo esperaba. Déjame compartir contigo mi desencanto, mi desilusión y tristeza al comprobar que ellas no querían o no podían dejarse ayudar. Lo que dijeron me hizo sentirme defraudada, pues abrigaba la esperanza de que aprovecharan el momento para buscar también su libertad.

A Wendy la entrevistaron en La Paz reporteros de *Ventaneando*; personas de este programa viajaron especialmente, pues allá se encontraba en esos días. Qué casualidad, ¿no? Ella negó que hubiera algo malo en su relación con Sergio y dijo que Gloria era su mejor amiga y que era una excelente persona. Pero que yo, en cambio, era casi casi de lo peor y que me acordara de todo lo que yo le contaba cuando estábamos juntas. Estas cosas, aunque sé que son preparadas por Sergio, no dejan de sorprenderme. Yo nunca hablaba con Wendy; de hecho, ella llegó justo cuando yo estaba por irme; si convivimos uno o dos meses creo que fue mucho.

A Marlene la entrevistaron en su casa, en presencia de su mamá. Lo raro es que estuviera allí, sabiendo que lo primero que hace Sergio es alejarlas de sus familias. Dijo que yo era una mentirosa, pues ella había estado en Europa, vendiendo artesanías. ¡Hazme el favor! Su mamá, por su parte, aseguró que yo era una enferma, que les había dicho que mi padrastro abusaba de mí y no sé cuántas cosas más. Como ves, tenían preparada su defensa, pero basada en puras calumnias.

La gente de *Ventaneando* supo que Gaby regresó a Matamoros (otra casualidad), pues parece que es de allí. Una de sus reporteras, Laura Suárez, fue a buscarla y le informaron que había salido de casa de Sergio y estaba trabajando en otra cosa.

A Sonia la vi en el Auditorio Nacional, en una de las últimas presentaciones de Gloria en público y, ¡no me lo vas a creer!, me llevé el susto de mi vida cuando vi que todas tocaban un instrumento, ¡todas! Si mal no recuerdo, Sonia tocaba las percusiones, Katia el bajo, Mary creo que los teclados, otra chica la batería, otras dos eran coristas. Sergio siempre tan ahorrativo, sacándole provecho a todo.

Me dijeron que Katia había hecho algo increíble: metió a su hermana Karla al grupo y las dos siguen viviendo allí. Incluso hay rumores de que Karla está embarazada y que el bebé es de Sergio. Te juro que al oír eso se me puso la carne de gallina, me cuesta trabajo creerlo.

Dinora, una chava que llegó con nosotros y que estuvo sólo unos meses, dio su testimonio ante las cámaras de *Ventaneando*. Ella no pasó por lo mismo que yo, por supuesto que no. No todas vivíamos las mismas circunstancias. Sergio era diferente con cada una, su trato cambiaba según de quién se tratara y cuánta importancia le diera a esa persona.

Pero, por suerte, no todo lo que he sabido de ellas es así de desagradable y triste. Por ejemplo, sé que Andrea está felizmente casada y que se convirtió en cristiana de hueso colorado. ¡Qué bueno es tener fe y llenar la necesidad de creer en algo! ¿No crees? A ella esto le hizo mucho bien, pues ahora vive mucho más tranquila.

También, otra de las chicas que no quiso aparecer ante las cámaras de *Ventaneando* y *El ojo del huracán* —quizá por su familia, pues está casada con un futbolista y tiene un hijito—, dijo que Sergio y Gloria son la peor basura del mundo.

Lo que me da gusto no es que se expresen así de ellos, sino que hayan tenido el coraje de separarse y hacer su propia vida, a la que cada quien tiene derecho.

Hay una chica llamada Guadalupe Carrasco que causó una gran sensación, porque ella sí se atrevió a dar la cara, a presentarse en una conferencia de prensa y hablar ante las cámaras. ¡No sabes qué alegría sentí al ver que mi libro había convencido a una víctima de Sergio a decir por fin la verdad! Ya no estaba yo sola, había alguien que sabía de la clase de sufrimientos por los que pasé y también qué clase de persona era Andrade. Ella tendría 21 o 22 años, era mayor de edad, y tuvo el valor de presentarse ante un juzgado a hacer su declaración formal y a levantar el acta donde denuncia los malos tratos recibidos de Sergio. En otra parte de este libro les cuento cómo estuvo todo este rollo de Guadalupe durante el tiempo que estuvo con él.

Después otras chicas me llamaron para expresarme su solidaridad y explicarme que también habían caído en manos de Sergio, pero que no querían decir nada por temor a las represalias. Me alegro de saber que algunas se liberaron, que mi libro fue útil y que puso al tanto a mucha gente de lo que estaba (y continúa) sucediendo. Creo que Sergio va a pensarlo dos veces antes de hacer daño a alguien más, y ésa es una de las cosas que más deseo en el mundo.

Claro, mi satisfacción es sólo parcial; tengo aún un anhelo no realizado: que un día Gloria se libere de Sergio, como supimos que lo quiso hacer. En cierto momento, buscó a una muchacha que había trabajado con ella y la citó en uno de los baños de Plaza Universidad. Según esta chica, iba a llevar a Gloria al despacho de mis abogados, quienes me hablaron y me dijeron: "Ven, que viene Gloria para acá" No podía creerlo, pensaba que era algo inaudito.

Después llegó esta muchacha y nos contó que, en efecto, fue a ver a Gloria, quien la llamó para decirle que quería huir de Sergio, que ya no podía más, que la tenía secuestrada y amenazada. Pero que él le había advertido que cuidadito y abriera la boca porque se arrepentiría toda su vida.

Pues bien, una vez que llegó Gloria, sonó su teléfono celular y, ¿quién más iba a ser? Sergio, que le pegó de gritos amenazándola de que no se atreviera a decir una palabra. Gloria se asustó mucho y otra vez pudo más el miedo que otra cosa y decidió regresar con él.

La chica de quien les hablo fue con mis abogados a levantar el acta correspondiente, y a declarar ante las autoridades, lo cual constituye una prueba más de que lo que yo he dicho es verdad. Oye, tú no vas a declarar algo que es mentira, porque te puedes meter en muchos líos, y ella no tendría por qué arriesgarse, ¿no crees?

Otra cosa que me encantaría es saber qué efecto tuvo mi libro en mis ex compañeras, qué sentían y qué decían en el grupo cuando veían las noticias y me veían a mí hablando de Sergio. Sólo puedo imaginar cómo reaccionó él: tal vez las encerraba, para que no se enteraran, tal vez las hizo leer el libro, como decía Gloria que lo leyó. Algún día me enteraré de qué fue lo que pasó allí en realidad.

Yo soy creyente, y gracias a los principios morales que recibí de mi familia desde pequeña, he podido superar con entereza las dificultades por las que he pasado. Creo en Dios, creo que Él nos contagia mucha de Su fortaleza y que algún día ellas van a salir adelante, lograrán autorrescatarse y ser felices. Confío en que mi libro les haya servido de algo y algún día las motive para dejar a Sergio y emprender otra vida. Porque, hasta donde yo sé, siguen con él Katia, Karla, Wendy, Sonia y Marlene. Ya llevan unos siete u ocho años; es mucho, han perdido toda su adolescencia. Yo, por lo menos, estuve viviendo de tiempo completo sólo dos años con ellos y le doy gracias a Dios por ayudarme, por haber tenido la fortuna, la estrella y el valor de escapar.

Quizá ellas no han corrido con la misma suerte, no han contado con el mismo ángel o la misma estrella protectora que yo. Tal vez les hace falta una familia, un refugio importante en sus vidas a dónde regresar, lo cual es importantísimo. Por ejemplo, Gloria no tuvo una familia muy agradable o armoniosa y para ella, estar con Sergio era (o es) lo mismo que estar con sus familiares. Ella no supo lo que era en verdad un hogar, una mamá cariñosa y una vida normal con sus padres. Tengo entendido que su mamá se ha casado no sé cuántas veces; entonces, dime, ¿qué diferencia iba a sentir al estar en su casa o con Sergio? Su mamá también le pegaba, le daba de cuerazos, como ella decía. Para ella los golpes no son algo distinto de lo que ya conocía desde niña.

Yo sé que, por desgracia, la gente te juzga muy feo; yo lo estoy viviendo, para mí no ha sido nada fácil haber dado la cara en esta situación. Quiero decirte que soy un ser humano que sufre, que llora como cualquiera y que ama; que, como ya te he dicho en otro momento, ha tronado en sus relaciones por diversos motivos, algunos relacionados con el libro.

Pero, sin importar todo lo que me ha pasado, sigo creyendo en el amor, sigo creyendo que debe existir en el mundo, en el planeta, una persona a quien Diosito ha designado para mí. Y lo mismo le deseo a todas mis lectoras y lectores: que sean positivos siempre, que busquen, y encuentren el amor y el lado hermoso de las cosas.

Estas confesiones que te he hecho me han conmovido, pues remueven en mí momentos muy difíciles. Pero tengo fe en que todo se arreglará y que cada quien recibirá tarde o temprano lo que merece. Esto me mantiene fuerte y con el propósito de seguir adelante en mi proyecto de ayudar a mis ex compañeras de desdicha y, de paso, también ayudarme a mí misma. Tengo la firme convicción de que todo lo que me ha pasado me ha ayudado a crecer y a ser un mejor ser humano cada día.

4. Los encuentros con el pasado

*El mundo es tan pequeño que en el momento
que menos imaginaba me encontraba
con los fantasmas de un pasado
que creía muerto.*

Vivimos por etapas, por ciclos, y éstos a veces se entrecruzan. No sé si soy fatalista, pero creo que es inevitable encontrarnos de nuevo con el pasado. De esos encuentros siento que yo he salido mejor librada que las demás personas que alguna vez me hicieron daño.

La primera vez que volví a ver a Gloria fue unos dos años después de que dejé a Sergio. Cumplía cinco años de vida artística y le hicieron una fiesta justo al lado del gimnasio donde yo hacía ejercicio. Recuerdo que bajé de mi coche y, con toda intención, hice que ella me viera, pues quería saber cuál sería su reacción. Se quedó atónita; la estaban entrevistando y, de pronto, no pudo continuar hablando. Con mi actitud, yo le di a entender: "Mírame: estoy bien, soy libre, vengo al gimnasio con mi hermana, tengo automóvil del año y me siento feliz".

Cuando Mary Boquitas me vio, su cara se transformó con una expresión espantosa, de desprecio, como si me dijera: "Te odio". Yo la miré durante un momento, pero no pudo sostenerme la mirada y se dio la vuelta. Pero Gloria sí, Gloria se vio más noble que Mary, mucho más noble. En sus ojos me pareció percibir que le impresionaba verme, después de los dos o tres años que habían pasado. Estaba muy sorprendida, por supuesto que no esperaba encontrarme ahí. Yo me crucé de brazos y sonreí, mientras observaba que le hicieran la entrevista. Ella no me quitaba los ojos de encima, pero su mirada parecía decirme: "Qué bueno, qué bueno que te fuiste, me da gusto por ti; aunque yo siga aquí, me da gusto". Te juro que sentía que podía leerle la mente.

Por mi parte, no supe con certeza cuáles eran mis sentimientos en ese momento. De lo que sí estoy segura es de que nunca quise vengarme de ella, a pesar de que me llevó con Sergio, y de que en los últimos tiempos que yo viví con ellos, ya no nos llevábamos bien; en pocas palabras, no nos tolerábamos. No sé si Sergio le dijo que lo hiciera a propósito para enemistarme con ella —no lo dudo—, pero, aunque así fuera, mi intención no es vengarme, porque yo sé que Gloria sufrió (o sufre) lo mismo o algo peor que yo.

Ahora bien, no puedo negar que el día que volví a sentir miedo fue cuando vi a Sergio en los pasillos de Televisa, porque me lo encontré muy de cerca. Yo iba saliendo y él estaba de espaldas y, aunque nunca quedamos de frente, el solo hecho de verlo arreglar a Gloria y escucharle decir: "Vámonos, apúrense", me remontó tanto a los tiempos pasados que me quedé fría y temblando de miedo. Pero me fajé los pantalones, respiré profundo y pasé a su lado, muy cerca, como diciéndole: "Mírame, aquí estoy, me siento bien, no me das miedo".

En varias entrevistas posteriores, ellos declararon que yo fui a buscarlos, pero eso es mentira. Ese día fui con Luz Elena González porque se iba a presentar un grupo llamado DCO, en el cual cantaba su novio y mi novio de entonces. Fui a verlos a ellos, no a Gloria. Claro, sabía que ahí estaría ella (era la conductora), pero no que me encontraría con Sergio.

Recuerdo que Gloria no me vio y Sergio no le dijo nada. Él empezó a caminar de un lado a otro del pasillo donde yo estaba parada, presa de un gran nerviosismo, yo lo conozco. Llevaba un celular en la mano, dentro del estudio —donde no funcionan estos aparatos—, y lo vi más gordo que nunca y con el pelo largo y amarrado con una colita. ¡Caray!, si está enfermo de cáncer como dicen, no estaría tan gordo ni con el pelo largo; más bien, pienso que estaría flaco, esquelético, calvo por la quimioterapia y todo eso.

Sé que él no le quiso decir nada a Gloria porque ella, cuando estaba entrevistando a los integrantes del grupo y les dijo: "Sí, miren, aquí hay muchas chavas guapas que les gritan", señaló y me vio entre el público, de pie. Su cara adquirió la misma expresión de sorpresa, de no saber qué hacer; se quedó fría y mostró la misma actitud. Cómo me acuerdo de esa expresión, la cual no pudo mantener mucho tiempo porque estaba en un programa en vivo. En verdad fue un momento de mucha tensión.

Pienso que la razón de su actitud era, más que un posible remordimiento, el miedo. Miedo de que yo estuviera ahí, porque Sergio está tan loco que era capaz de regañarla por mi presencia, sin tener ella ninguna culpa. Él podría pensar que estábamos de acuerdo.

De cualquier forma, Gloria nunca fue grosera conmigo, como las otras, cuando volvimos a vernos en algún momento. Tal vez porque ella fue quien más se desarrolló, artísticamente hablando y, además, era mayor que todas. Con la mirada siempre me dijo: "Me da gusto verte".

El programa de Gloria salió del aire y ellos desaparecieron. No sé si algún día sabré si tuvo algo qué ver el hecho de que en ciertas publicaciones se habló del libro que yo tenía planes de escribir o, si en efecto, Sergio estaba enfermo. Para entonces, yo participaba en una telenovela y en las entrevistas con los medios me preguntaban de Gloria Trevi (porque fui su corista); yo solía contestar: "Ah, por ahí les tengo una sorpresa, voy a sacar un libro", y ya les iba adelantando cosas. No sé si eso influyó en su desaparición.

Otro encuentro con personas que conocí en el pasado y que resultó provechoso, fue con Eduardo Galindo. Él y Santiago Galindo fueron los productores de las dos primeras películas de Gloria y, por lo tanto, yo los conocía. El día que nos vimos me dijo:

—Qué bien te ves, ahora sí me saludas.

—Sí, ya no estoy con Sergio.

—Y también sabes reír.

—Sí, ya soy una persona normal.

—Es que parecías una momia; ya sabía yo más o menos lo que había detrás de todo eso.

Me comentó que iban a hacer una telenovela con Selena y me ofreció ser parte del elenco, para lo cual me pidió que me presentara en sus oficinas. Fui unas dos semanas después y le di mis fotos a Santiago. Selena murió, desafortunadamente, y después empezaron a hacer el proyecto de la telenovela *Al norte del corazón*. Llevé de nuevo mis fotos a Azteca Digital, para recordarles que estaba presente, y me dieron la oportunidad de participar, haciendo el papel de Dalia, "La Norteña". El personaje era el de una cantante grupera (como Selena), que ayudaba a la protagonista a salir adelante en su carrera y a quien a final de cuentas mataban.

Ésos fueron mis encuentros con los Galindo. Gracias a ellos pude entrar de nuevo al medio, después de cuatro años de no hacer nada, de estar ausente. Había tocado muchas puertas, grabado *demos* y la verdad, me sentía muy frustrada, sin poder hacer lo que en realidad quería. En la novela, además de actuar —lo que nunca había hecho—, tuve la oportunidad de cantar varios temas.

El pasado se hizo presente otra vez: Eduardo Leija y Carlos Silva se encargaban de vender las fechas de Gloria, para palenques y otros eventos. Yo los conocía bien y sabía que ellos mismos habían demandado a Sergio por asuntos de trabajo, lo que ocasionó todo un lío. Total, que me los encontré, no me acuerdo exactamente cómo y, a fines del 94 o principios del 95, empezamos a platicar. Les dije que quería volver al medio artístico y les pedí que fueran mis representantes. ¡No sabía en lo que me estaba metiendo! Firmamos un contrato de representación, pero entonces conocí a Rubén Aviña y sentí que podía trabajar mucho mejor con él que con los Leija.

Rubén se encargaría del diseño de imagen, la promoción, la publicidad y todo lo que tuviera que ver conmigo. Pero Eduardo y Carlos nunca hicieron nada por mí, no me consiguieron disquera y siempre estaban fuera de México. Ahora resulta que ¡me están demandando por $300,000 o algo así! Dicen que yo les debo dinero por mi libro y por mi disco. Que me disculpen, ellos no hicieron *nada*. Además, por la fecha de vencimiento del contrato, no les toca ni un centavo por mi libro ni por mi programa. Estoy pasando por ese problema legal, que me está haciendo perder tiempo y dinero, pero bueno, todo es por algo, ¿no crees? Eso lo hacen porque todos piensan que yo me hice multimillonaria con mi libro y que se me salen los billetes de las bolsas, pero están bastante equivocados. De lo que sí estoy segura es de que, con la ayuda de Dios, llevamos la de ganar, pues tengo la verdad de mi parte.

5. La vocación artística

Nací cantando y moriré cantando,
es algo que traigo muy
dentro de mí, que nada ni nadie
han hecho que cambie.

Me las vi negras: el panorama no se presentaba tan fácil como yo creía; ya no contaba con el apoyo y los contactos (por llamarlos de alguna manera) que antes tenía con Sergio.

Un año después de regresar a mi casa, volví a sentir la inquietud de cantar; en una producción sencilla que hicimos en el estudio de Juan, uno de mis tíos, grabé diez canciones, algunas temas míos; para ese entonces ya tenía yo 18, casi 19 años. Recuerdo que cuando terminó la producción del sencillo hice una cena con mis familiares y amigos para festejar.

Por desgracia, no sucedió nada con mi disco. Lo llevé a la compañía Melody y hablé con Alejandra Tamargo, con quien había trabajado en "Chicas feas".

Sentía mucha ilusión, aunque estaba consciente de que no era una súper producción, ya que me faltaba experiencia para trabajar sola y sin apoyo, tanto económico como profesional. Hice una sesión de fotos que podrían servir para la portada, esas sí bastantes buenas, pero, aunque los temas no eran malos, les faltaban dos cosas: inversión y un productor conocido o con mayor experiencia.

El paso siguiente fue unos ocho o nueve meses después, cuando entré a "Conceptos Televisa" y estuve en un proyecto de tres o cuatro chavas, cantando un rollo muy *blues*; el concepto era padre, aunque nunca se llevó a cabo. Un día que iba a clases y a ensayar me encontré con Sergio Blass, ese niño ex integrante de Menudo por quien tanto sufría de niña. Recuerdo que cuando lo vi ahí no daba crédito y me dije: "¡Ay, cómo es la vida y qué vueltas da!", y más cuando, de pronto, él se acercó a saludarme, así como si nada. Yo temblé, aunque ya no era la misma emoción de cuando tenía 12 años: quién me iba a decir que siete años después íbamos a ser amigos —porque hasta la fecha nos llevamos bien—, y cuando nos vemos nos saludamos con mucho gusto; con decirte que un día ¡hasta me invitó a salir!

Después de "Conceptos", como a los dos años, entré al CEA (Centro de Educación Actoral), también de Televisa. Fui a hacer el *casting* y me quedé para un llamado "grupo especial", que era rápido, y que no trabajaba todo el día, para empezar de inmediato. Allí hice grandes amigos, por ejemplo Adriana Fonseca, que ahora está en *Rosalinda*, la telenovela de Thalía; Julio Iglesias hijo, con quien me llevo muy bien; y, aunque no lo creas, también conocí a uno de los hermanos de los que ahora son mis abogados, sin yo saber que estaría tan involucrada después con su familia. Para que veas qué chiquito es el mundo…

Lo malo fue que me corrieron de Televisa (por así decirlo) porque faltaba mucho a clases. Lo que no sabían era que faltaba porque trabajaba como modelo y edecán, que entonces era mi única manera de sobrevivir.

Fue hasta el año de 1997 cuando los Galindo me dieron la oportunidad de entrar a la telenovela *Al norte del corazón*, haciendo el papel de Dalia "La Norteña"; allí todos los temas que me tocaba interpretar los grabé con mi propia voz. Esa experiencia me hizo sentir muy bien, de nuevo feliz, de nuevo en el ambiente que yo quería, en un foro con luces, vestuario y toda la cosa: lo que muchas jovencitas desearían. Y ahí estaba yo haciendo mis pruebas ¡y quedándome por fin con el papel!

Al terminar la telenovela —en la cual, no es por nada, pero me fue bastante bien—, la gente me reconocía en la calle, me pedía autógrafos, y yo, pues me sentía soñada, fascinada; empezaba de nuevo a calentar motores para emprender el camino hacia arriba. En ese entonces conocí a Erick, el niño que fue tan importante para mí y de quien ya te platiqué.

Quiero contarte que no fue nada fácil la grabación de la novela, porque tuve que compartir cinco o seis meses de trabajo con un ex novio y con su novia actual, quien, por cierto, me cae muy bien; su nombre es Anette Michel. No era muy grato ver a tu "ex", con quien habías terminado un mes atrás, besándose con su otra novia. Tuve que hacerme a la fuerte y pensé: "No me importa, porque por fin estoy haciendo lo que quiero, que es cantar y actuar y debo ser una profesional hasta el último momento" Sin embargo, ya te imaginarás por todas las que pasé.

Terminé de grabar la telenovela en mayo de 1997, que fue cuando empecé a escribir el libro con Rubén Aviña, pero eso te lo cuento más adelante, ¿te parece?

Unas semanas después, tuve una cita con Paty Chapoy, en la que me propuso que, ya que había terminado la novela, entrara al CEFAC, el Centro de Formación Actoral de TV Azteca, para que me siguiera preparando. ¡Qué diferencia del CEA! Allí aprendí muchas cosas, tenía unas clases increíbles y unos maestros de primera, como mi "profe" consentido, Raúl Quintanilla, director de la escuela.

Fue una época muy linda, de la que conservo gratos recuerdos; también hice muy buenos amigos y tuve ¿por qué no? alguno que otro enamorado, pero nada trascendental. Por razones obvias, tuve que dejar los estudios a los 11 meses, ya que mi libro salió a la venta y todo fue una locura: entrevistas por aquí, entrevistas por allá, y descuidé tanto la escuela, que tuve que dejarla. De verdad, la extraño mucho, pero pensar en regresar ahora está difícil porque con el disco, la Fundación y este libro, no tengo tiempo ni de respirar.

Y siguieron las buenas noticias: en diciembre del 97 fui seleccionada para conducir unos especiales musicales gruperos de TV Azteca; allí conocí a Toño Hermida, coordinador de todos los grupos y conductor del programa *En medio del espectáculo*, quien pronto llegó a ser para mí más que un jefe, un gran amigo, al igual que todos los integrantes del equipo, como son los guionistas, los realizadores, los reporteros y los camarógrafos.

Después de un tiempo, los especiales se convirtieron en un programa llamado *Corazón grupero*, el cual me ha dejado muchas satisfacciones en mi carrera profesional y en mi vida personal: viajé, aprendí lo que es la conducción, maduré en todos los aspectos.

Pero faltaba algo, algo muy importante que hacía que no me sintiera del todo satisfecha: un disco. Todo hacía ver que mi destino estaba encaminado hacia el estilo grupero; tuve que decidir en definitiva si grababa un disco grupero o uno de balada pop; me involucré tanto con la música grupera en los bailes, en las entrevistas, con el público que participa tan directamente, me empapé tanto de eso que, sin darme cuenta, sentí que era lo mío. Sin embargo, un disco de música pop tal vez se haga realidad en otro momento, pues también me gusta mucho.

En octubre de 1998 empecé con los preparativos del disco: el productor es Carlos Calva, un chavo muy talentoso que entendía a la perfección el tipo de temas para el disco, ya que él fue el creador del tema del programa *Corazón grupero*. Nos decidimos a hacer la producción él y yo solos; yo con un poco más de experiencia y ya con la ayuda de alguien con mucho más conocimiento en la materia de discos y del estilo grupero.

La producción quedó increíble, diferente, de calidad, con temas de Carlos, míos y de Mario Pupparo, el mismo compositor de "Amor a la mexicana", que canta Thalía. Aprendí mucho con este disco y me siento muy bien de haber intervenido en su producción. Azteca Music es ahora mi disquera, aunque te confieso que tuve otras propuestas; pero yo le sé ser fiel a la empresa que tanto apoyo me ha dado; ellos fueron quienes mostraron mayor interés en mi producción, y por ahí dicen que la mejor disquera es la que está interesada en uno. Como creo tanto en los dichos populares, pues escogí Azteca Music, y ahora estoy trabajando con gente maravillosa, muy profesional y talentosa, con cuyo apoyo, el de mi familia y, principalmente, el de Dios, espero salir adelante.

Yo soy de la mentalidad de que nada es imposible en esta vida y que nunca hay que perder la fe. Tienes que ser fiel a tus sueños y creer en ellos para poder llevarlos a cabo; mi sueño era ser artista famosa, y aquí estoy, realizándolo; claro que me ha costado trabajo, pero con perseverancia todo se puede, y no sabes lo bien que se siente alcanzar tus metas.

6. La hechura y publicación del libro

Tenía que hacerlo,
era algo que no me dejaba dormir.
Recuperé el sueño cuando me decidí
a gritarlo a los cuatro vientos.

Definitivamente, las cosas siempre pasan en el momento y el lugar en que tienen que pasar. A mí me sucedió eso; mucha gente me pregunta: ¿por qué no sacaste el libro antes?, ¿por qué esperaste cinco años para publicarlo? La respuesta es la siguiente: todo tiene su momento y su razón en la vida.

Yo lo único que quería —como ya les conté— era escapar de Sergio y de todo su mundo, así que guardé mis recuerdos en lo más profundo de mi corazón para poder prestar atención a otras cosas que entonces eran mucho más importantes.

Cuando apunté todo en mi diario y lo cerré con llave para que ni mi mamá ni mi hermana lo leyeran, siempre tuve la idea de escribir más algún día sobre esa experiencia y hacerla pública, porque era la única manera de que los papás de las chavas que seguían con Sergio pudieran enterarse de lo que pasaba con sus hijas. Sería un aviso para que otras chicas supieran en lo que podían caer si Gloria Trevi o alguna otra persona del grupo les proponía ayudarlas para que triunfaran como artistas. Por eso decidí hacer pública mi vida. Mi historia no fue fácil y no es fácil hasta la fecha, pero lo importante es que lo dije, que tuve la fuerza suficiente para jugarme hasta mi propia vida y ese paso crucial me hace sentir bien, como quien ha cumplido con un deber moral fundamental.

Aprendí también a no guardarme las cosas que me hacen daño, a sacarlas ya, a dejar libre al alma y a la mente de tanto sufrimiento. Si tú, como yo, tienes una pena que no te deja vivir, haz lo mismo y verás que te sentirás mucho mejor, te lo aseguro.

Y llegó el momento: un día me senté ante la máquina de escribir y dije: ¡ahora sí voy a escribir mi libro! La historia parecía de telenovela o de ciencia ficción. Era 1994 cuando la empecé y le puse el título de "La Gloria y yo"; era obvio que no podía dejar de incluir a Gloria, porque ella fue parte muy importante de mi vida, ya que me introdujo en un mundo que no conocía. Yo sentía entonces que era mi amiga, la mejor en su momento, mi confidente, mi maestra. ¡Imagínate todo lo que vivimos y compartimos! Por ejemplo, cuando a ella se le pegaron los piojos nos los pegó a todas; cómo recuerdo un día que estábamos en uno de los departamentos de Sergio, en fila ¡sacándonos los piojos! Y, aun así todavía hay gente que me pregunta: ¿pero por qué la involucras en la historia?

A pesar de todo lo malo, con Gloria compartí algunas cosas divertidas, momentos fugaces en medio de una existencia carente por completo de felicidad.Minutos que pasaban volando, cuando podía ser ella misma, olvidándose de la brutal presión que Sergio ejercía sobre ella.

Cuando empecé a escribir, me di cuenta de que requería de alguien que me ayudara a sacar adelante la idea del libro, porque por mi cuenta no podía; era demasiada información para mí sola, para una chava de 18 años. No, tenía que encontrar a alguien que le diera forma, que redactara mejor que yo, que pusiera en orden todo lo que había escrito en forma espontánea. Esa persona apareció hasta 1995: era Rubén Aviña, aquel hombre de cuya existencia me enteré porque iba a la oficina de Sergio y cuya conversación con él escuché mientras estaba debajo del escritorio .

Cuando me encontré con él pensé: "Mira cómo viene uno a conocer a las personas". Charlamos largo rato de aquellas "épocas" y de su idea de hacer un libro sobre Sergio Andrade y Gloria Trevi. Yo le dije: "Rubén, no puede ser, yo también estoy en eso, de hecho en estos momentos ya tengo algo escrito porque quiero sacar un libro sobre mi vida al lado de Sergio y de Gloria. Yo no soy escritora pero tengo muchas cosas qué decir, que necesito sacar porque me hacen daño. Mi psicóloga me dijo que es una magnífica idea, que me va a ayudar mucho a ver la vida de otra manera. Rubén, desde ahora te digo que necesito a alguien como tú para realizar esto"

Él quedó entusiasmado con la idea y unos días después nos vimos y me regaló un libro que publicó con Editorial Grijalbo (quién iba a decir que dos años después ellos también serían mis editores). El libro se llama *Cómo se hace una estrella*; lo leí y me gustó mucho la forma en que estaba escrito. Era un hecho que para Rubén no era nuevo lo que yo sabía de Sergio y de Gloria, pues había trabajado con él en alguna ocasión, y eso ayudaría mucho.

Por el momento, todo quedó como un proyecto, porque Rubén estaba ocupado y yo acababa de firmar un contrato de representación con los Leija, los tipos de los que te hablé, que nunca hicieron nada por mí, y con quienes, para colmo, en estos momentos enfrento una demanda por incumplimiento de contrato. Hazme el favor, se quieren llevar una tajada de mi trabajo, de mi esfuerzo, cuando que ellos no movieron un dedo para promoverme. El único buen recuerdo que tengo de estos señores es que ellos me presentaron a Rubén.

Seguí trabajando como edecán y modelo, hasta que tuve la oportunidad de entrar a la telenovela *Al norte del corazón* y entonces comencé a sentir que vivía de nuevo. Esa ilusión y la de ver mi libro terminado me mantenían tan motivada que ya era prácticamente otra persona.

"Agradezco a mis ángeles", escribí entre los agradecimientos de mi libro, pues sin ellos no hubiera salido tan bien librada y protegida de todo lo que vendría después. Por suerte conocí a un señor a quien le tengo un respeto y un cariño muy especiales: me refiero a Enrique Maccise, el cual me asesoró sobre lo que tenía que hacer con respecto al libro antes de que saliera, pues yo le conté la historia y lo que pretendía lograr con él.

Enrique me puso en contacto con las personas indicadas para que todo saliera bien; así conocí al licenciado Enrique Fuentes Ladrón de Guevara. Por lo que me dijeron, estaba en manos de los mejores abogados; ellos se encargaron de asesorarme acerca de todos los aspectos legales o consecuencias que podía tener la publicación del libro y cómo salir bien de ellos conforme a la ley. Enrique estaba realmente indignado —por decirlo así— cuando le conté todo lo que me había hecho Sergio Andrade, y empezamos por presentar una denuncia de hechos.

No hice la denuncia por dinero. Como te conté unas páginas atrás, yo me casé con Sergio bajo el régimen de bienes mancomunados, y hasta la fecha no le he pedido nada de lo que sé que por ley me corresponde. Creo que he aclarado muchas veces cuál fue mi verdadera finalidad.

Por supuesto, la denuncia de hechos se hizo antes de que se editara el libro. Después buscamos una editorial; tenía que ser una empresa grande, de alcance internacional, porque yo quería que mi mensaje llegara a todas partes. Enrique Maccise me llevó primero a una, donde no se decidieron a hacer el libro, tal vez por temor a lo que pudieran enfrentar; ahora veo que no era una editorial para mí: yo necesitaba de gente con carácter, con coraje, donde se atrevieran a sacar a la luz un caso como el mío. Y dimos con ella: Editorial Grijalbo.

En Grijalbo demostraron un interés inmediato porque ya habían visto en diferentes publicaciones que yo quería sacar un libro con mi historia. Fui a hablar con ellos, acompañada de todo mi "equipo": Maccise y mis abogados; en ese momento, me sentía yo muy importante.

A la semana siguiente, después de que leyeron el libro, los editores me avisaron que se embarcarían conmigo en la aventura, noticia que me hizo muy feliz. Quiero decirles que todo sucedió entre fines de febrero y principios de marzo, y yo no sé cómo le hicieron, pero el 15 de abril ¡mi libro estaba a la venta!

7. El lanzamiento y las reacciones provocadas

Nunca me lo esperé.
Pensé que se iba a hacer escándalo
pero no tanto. De pronto era conocida
por miles y miles de personas que se fueron
identificando poco a poco conmigo.

Durante los cinco años que mi diario fue mi mejor compañero y mi confidente más íntimo, escribí en él todo aquello que no le había contado a nadie. No escribía todos los días, pero cuando lo hacía sentía la enorme necesidad de volcar en el papel lo que me dictaba el corazón, con un deseo callado de llegar a compartir su contenido. Soñaba que algún día podría escribir un libro y conservar en esas páginas todo el dolor acumulado de mis terribles experiencias. Y por fin el sueño se había realizado. Ahora era toda una realidad, una realidad que tenía que encarar, pues yo sabía mi gran responsabilidad al publicar cosas que nadie podría imaginar y que suceden, por desgracia, sin que nadie parezca enterarse de ellas. Mi llamada de auxilio para otras niñas en peligro ya había sido lanzada, ahora habría que seguir adelante.

Nunca imaginé que el libro pudiera convertirse en uno de los títulos más vendidos del momento, pues como ya lo platiqué, mi preocupación era de otro tipo. Desde el primer momento tuvo mucha aceptación y me sorprendió el gran impacto que causó; seguro que a más de uno había venido a moverle el tapete. Ese impacto que yo quería que causara en las madres y las familias que tienen hijas que sueñan con ser artistas, y que por llevar a cabo esos sueños pueden caer en las garras de las personas menos indicadas. Por fin veía el resultado de tantos meses de trabajo y esfuerzo, algo que podía llegar a las manos de quienes quizá necesitaran con urgencia una orientación, un consejo, las palabras de una amiga.

Los comentarios y críticas, unas veces a favor y otras en contra, no se hicieron esperar. Los medios bombardearon al público con toda clase de informaciones. Periódicos, revistas, programas de radio y televisión me solicitaron entrevistas y conferencias de prensa; fui invitada a hacer declaraciones en público y a sostener lo que había contado en el libro. Era una especie de torbellino en el que de pronto nos vimos envueltos mi familia y yo.

"¿Que por qué había esperado tanto para dar a conocer cosas tan graves?" "¿Que cómo pudieron mi madre y mi familia permitir que todo aquello sucediera?" Fue muy duro para mí hacerles saber lo lastimada que estaba, que fueron necesarios cinco años para recuperarme y poder cobrar fuerza y valor para decidirme a dar este paso. "¿Que si me consta todo lo que me atrevo a decir?" Me atrevo a decir lo que viví, lo que sufrí en carne propia, lo que, aun cuando pase mucho tiempo, seguirá vivo en mis recuerdos como el primer día.

Menciono las palabras de Jossie, mi madre, que tuvo que decir a los periodistas:

Cada vez que hablaba con Aline me decía que estaba bien, que Sergio era bueno con ella y que su carrera artística iba hacia adelante. Yo quería creerle, pero con el tiempo me di cuenta de que estaba equivocada. Y he pagado muy caras las consecuencias de mi exceso de confianza. Todos creímos en la buena fe de esta persona, sin sospechar todo el daño que sería capaz de causarle a mi hija. Las circunstancias nos hicieron caer como en una red de la que fue muy difícil salir, pero por fin lo logramos y ahora mi hija es libre y feliz. Ojalá que las otras niñas que se encuentran en su caso puedan hacerlo también.

"¿Que cómo podía vivir al lado de un enfermo como Sergio?" Todavía no lo puedo entender, pues en ese entonces yo no era dueña de mi voluntad ni de mis actos; mi inmadurez me hizo soportar una vida que no le deseo a nadie. Un día le dije a Gloria que me quería morir y ella me contestó algo que me dejó helada: "Yo también, pero no te vayas a echar para atrás cuando te diga que nos suicidemos". Ella es otra víctima; Sergio la tiene bajo su control, como me tenía a mí.

Algunos reporteros lograron entrevistar a varias figuras que confiaron en Sergio como productor o representante. Aranza, la cantante que tanto éxito obtuvo con el tema de *Mirada de mujer*, al principio no quería contar mucho sobre su relación con él, pero, aún dolida, se decidió a revelar sus experiencias:

Tenía yo 17 años cuando conocí a Sergio en una disquera de El Paso, Texas. Cuando vinimos a México lo buscamos mi papá y yo, me hizo una prueba y a partir de entonces se hizo cargo de mi carrera. Nuestra relación fue de trabajo y duró sólo nueve meses, pues después yo me separé y me integré al grupo Zarabanda como cantante. Creo que Aline es honesta, pues Sergio es muy duro como representante, hasta despiadado. A mí me hacía sentir la más fea y con menos talento... Me mandaba a hacer pre-

sentaciones y no me daba para el transporte ni para la alimentación. Nunca me golpeó, pero me maltrataba psicológicamente, que es igual o peor.

De hecho, no pudo manipularme porque ya tenía yo 17 años y cuando cumplí la mayoría de edad decidí terminar mi contrato con él; el día que se lo dije me encerró en su oficina para obligarme a renovarlo, pues representaba un 35 por ciento de comisión para él. Me dijo que era una malagradecida y que yo sería la responsable si les pasaba algo a mis compañeros del grupo Zarabanda. Me enfrenté a él y lo amenacé con hacer un escándalo, así que no tuvo más remedio que dejarme ir. Después me mandó decir que regresara, que yo le interesaba también como mujer y no sé qué tantas cosas, pero yo jamás volví.

Preferí callar hasta ahora, no por miedo, sino porque quería olvidar esa desagradable experiencia. Incluso a mis padres no les había dicho toda la verdad, sólo les conté algunas cosas que me habían pasado; pero después de que salió el libro de Aline, se los tuve que contar todo.

Otras cantantes como Yuri, Crystal e Ivonne e Ivette manifestaron que sólo lo conocían como productor y que no podían opinar sobre lo que decía el libro. Pero para doña Lucero, la mamá de Lucero, Sergio es un tipo nefasto y oportunista, que se acercó a su hija cuando ésta ya era conocida con el programa *Alegrías de mediodía*. Le ofreció el tema "Juguemos a cantar" y así empezó la relación de trabajo. Después se dieron cuenta de que Sergio quería tomar decisiones que no le correspondían, y de que acostumbraba poner a las hijas en contra de sus padres para que abandonaran sus casas.

Era un hombre muy extraño, yo no confiaba en él y por eso nunca dejé sola a mi hija. Esto me ocasionó muchas críticas, sobre todo en los medios, pues Sergio se encargó de ponerme mal con ellos... Como es lógico, decidí ya no trabajar con él, y aunque me buscó y me pidió disculpas, ya no quería nada con él.

Por su parte, Lucero elogió que me haya yo decidido a escribir el libro, lo mismo que a mis editores, pues cree que es una forma muy directa de denunciar el tipo de atrocidades que se cometen con tantas jovencitas que desean ser artistas:

Los medios no deben encubrir a personas enfermas y depravadas que hacen tanto daño. Por el contrario, sería maravilloso que se hiciera justicia con los argumentos que han presentado muchas de las involucradas.

Entonces empezaron a surgir comentarios de otras personas que tuvieron que ver con Sergio en el pasado. Poco a poco se iba confirmando lo que yo me atreví a escribir en mi libro: Lupita Casillas, la primera esposa de Sergio, se comunicó al programa *¡Hola, México!* de TV Azteca, y después habló con la prensa para informar de su vida junto a él. Dijo que lo conoció en un concurso de aficionados en la XEW y que se volvieron a ver cuando a él lo nombraron director artístico de *Alegrías de mediodía*. En 1981 él le propuso matrimonio y ella aceptó con la ilusión de hacer una carrera en el mundo del espectáculo. La alejó de su familia, la mantenía encerrada y, para poder comer, la mandaba a vender discos a la calle, mismos que le quedaron de un sello discográfico que no funcionó, en el cual él había invertido todo su dinero.

No me dejaba contestar el teléfono y jamás me presentó como su esposa, hasta que un día lo amenacé si seguía negándome. Aline se quedó corta. Muchas de las cosas que ella cuenta en su libro, yo las experimenté. Me divorcié de él y hoy estoy felizmente casada y tengo dos hijos.

Cuando lo dejé, quise prevenir a mucha gente sobre la clase de persona que era Sergio, pero nadie me creyó. Por eso ahora estoy dispuesta a apoyar a Aline en todo lo que pueda.

Los acontecimientos se sucedieron en forma vertiginosa. Cada día había algo nuevo, sorpresivo; eran muchas las personas a las que Sergio había hecho daño y todo en esta vida se llega a saber. Removimos el agua estancada y todo lo sucio, la basura, estaba saliendo a la superficie.

Hasta entonces no había vuelto a ver a Sergio y a Gloria. Parecía que hubieran desaparecido a raíz de que se dieron a conocer los primeros comentarios sobre el libro. Los medios se disputaban la oportunidad de preguntarme si no temía yo represalias por parte de ellos; a ese tipo de preguntas siempre he contestado que no, pues todo lo que expuse es verdad y que, además, no estoy sola, cuento con un equipo de gente muy preparada que me asesora y me protege.

Empezaron a surgir noticias de que Televisa podría apoyar a Gloria en caso de no resultar responsable, pero que, de lo contrario, no podrían ayudarla.

A fines de abril apareció Gloria. La prensa se dio vuelo especulando qué hizo durante todo el tiempo en que no se supo nada de ella: que sólo un escándalo la pudo hacer salir del enclaustramiento en que se encontraba, que estuvo secuestrada por Sergio Andrade, que estuvo en un centro de rehabilitación contra las adicciones, que formaba parte de una secta que le impedía reaparecer en los escenarios, y no sé cuántas cosas más.

Una de las reporteras de *Duro y directo* entrevistó a Gloria en *Hoy mismo*, el programa de Guillermo Ochoa. Fue una entrevista grabada con anticipación, en un lugar desconocido. En la primera parte, Gloria declaró que no estaba secuestrada, que estaba sana y que no pertenecía a ninguna secta. Que durante el tiempo que no hizo presentaciones en público, estuvo estudiando en Italia, pues en un futuro quería dedicarse a la política; que estuvo componiendo canciones y preparando su sexto disco. Entre otras cosas dijo:

Estoy enterada de todos los rumores que corren acerca de mí, pero lo que más me sorprende es que digan que estuve en una clínica de desintoxicación... La realidad es que soy víctima de una guerra entre televisoras. No hay otra razón para que hagan esto conmigo y con mi imagen... Sergio Andrade es un hombre bueno, con un corazón de oro, a quien he visto ayudar a mucha gente pobre.

René Franco, conductor del programa *¡Hola, México!*, me llamó y me invitó a una entrevista casi al mismo tiempo que salía al aire la entrevista de Gloria. Yo asistí porque no tenía nada qué temer, sabía que estaba en lo cierto y debía mantenerme firme. René me cuestionó sobre algunas declaraciones de Gloria, en las que desmentía lo que digo en mi libro:

—Gloria aseguró que tú no eras nada en su vida; ¿qué es ella para ti?

—Es una víctima y me da pena ver lo manipulada que está.

—Gloria dice que eres un monstruo por haber escrito ese libro.

—El monstruo es Sergio Andrade por manejarla de esa manera y por tener el descaro de mandarla en su lugar a decir que son mentiras las que yo digo. Mira, yo tengo testigos y muchas pruebas.

—¿Qué pruebas?

—Hice una denuncia de hechos ante las autoridades correspondientes, en la que expongo todo lo sucedido, y que sustenta la veracidad de mi libro.

Ambas entrevistas dieron mucho de qué hablar. En el club de fans "Aurora" de Gloria opinaron que, puesto que ésta ya se había presentado en Televisa, ahora le pedían que se presentara sola ante ellos, pues no creían merecer ese alejamiento por su parte y mucho menos que concediera una entrevista pregrabada, como si tuviera miedo de aparecer en vivo.

Se sentían tristes porque su regreso sólo fue para desmentirme y acallar los rumores que se desataron en su contra. La notaron muy presionada y rara; muchas de las cosas que dijo no cuadraron y creen que sigue manipulada por Sergio Andrade. Dicho por ellos, piensan que yo digo la verdad. "Lupus", uno de sus más fieles seguidores, notó que Gloria cayó en varias contradicciones y tiene la impresión de que sufre por algo.

Rubén Aviña, el redactor de mi primer libro, opinó que él esperaba una plática más seria, en la que Gloria diría muchas verdades acerca de Sergio Andrade. Le pareció una entrevista manejada; la reportera no estaba debidamente informada, pues daba muestras de no haber leído el libro. En resumen, se sintió decepcionado.

Yo no tenía descanso ni un momento: llamadas telefónicas todo el día, entrevistas con periodistas, invitaciones a programas, firma de ejemplares en distintas librerías, contacto con la gente que se acercaba a mí para conocerme y hacerme preguntas. Nunca como entonces experimenté en forma tan intensa la relación con mis semejantes. Viví cada momento a plenitud y recogí todas las críticas, tanto positivas como negativas, las cuales conservaré como parte de una etapa crucial de mi existencia: el momento de enfrentar lo que fuera necesario para sostener la verdad, mi verdad.

La segunda parte de la entrevista de Gloria se transmitió el 28 de abril. Por momentos pareció que había estudiado las respuestas y a pesar de ello, cayó en una serie de contradicciones, incluso apoyándose en actitudes opuestas por completo: molesta y agresiva unas veces y otras pretendiendo ser una niña buena e inocente, dispuesta a perdonar a los que intentan hacerle daño. Por ejemplo, dijo que aún no había nacido el hombre que la golpeara; que si alguno le llegaba a poner la mano encima, se quedaba sin brazo. Por un lado, declaró que es de la creencia de que si te golpean en una mejilla, pongas la otra y, por otro habló sobre los derechos de la mujer. Sin embargo, admitió que hace mucho tiempo tuvo una relación tormentosa en la que hubo trancazos y todo, pero que esas cosas no debían suceder.

Qué declaraciones tan confusas, ¿no? Después contó que hizo una promesa a la Virgen de Guadalupe de no hacer presentaciones hasta que Sergio se recuperara de una grave enfermedad que padece. No sabemos cuánto de lo que dijo sea verdad o producto de la manipulación.

Yo trataba de hacer mi vida normal, pero era imposible. Recibí cientos de cartas de lectoras que se identificaron conmigo y de otras que querían hacer públicos sus testimonios con respecto al caso. No me alcanzaban las horas del día para todo lo que tenía qué hacer: entre la conducción de mi programa *Corazón grupero*, la preparación de mi disco y todas las actividades que generó la publicación del libro, no me quedaba tiempo para mí misma, para mi familia y para mi novio. Una vez más conté con el apoyo y la comprensión de todos ellos a cada momento, pues ya les mencioné que, así como la mayoría de la gente creyó en mí desde el principio, hubo quienes se dedicaron a criticarme y a decir por todas partes que sólo se trataba de un ardid publicitario para promoverme.

Pero la verdad seguía saliendo a flote. Era como un tren en marcha que no se podía detener, su carrera tenía que llegar hasta las últimas consecuencias.

El 29 de abril salió al aire la tercera y última parte de la entrevista de Gloria en *Hoy mismo*. En ella aseguró que Sergio no estaba enterado del alboroto que habían causado mis declaraciones y que así era mejor, ya que estaba muy enfermo y todo aquello podría hacerle mucho daño. Aclaró que casi no lo veía, que ya no era su representante y que sólo se ponían en contacto en situaciones muy importantes. Como en las ocasiones anteriores, se notó algo confusa y se contradijo, por ejemplo, cuando mencionó que Sergio estaba en un hospital, y luego rectificó, diciendo que estaba en su casa y que sólo iba a que lo revisaran periódicamente. Hizo algunos comentarios sobre la personalidad de Andrade: que es muy orgulloso, sarcástico y exigente; que dice las cosas tal como son, sólo con la intención de que crezcas como persona y seas cada día mejor.

Tal vez sin fijarse, se refirió a los castigos que acostumbra infligir a sus pupilas: en una presentación, al terminar de cantar "Brincan.... los borregos", bajó ella del escenario y Sergio la regañó, diciéndole que, siendo ella la cantante mejor pagada en América Latina, no podía dejar de cantar siquiera una palabra de alguna canción, y eso era lo que acababa de hacer. Tenía que haber repetido la palabra "brincan" y no lo hizo, y cualquier error de ese tipo era una falta de respeto al público. Por lo tanto, su castigo iba a ser darle 20 vueltas diarias al Monumento a la Revolución, cantando y gritando, para que no volviera a olvidar la letra de ninguna canción.

No pude entender muy bien lo que Gloria quiso decir, pero una cosa quedó bien clara: Sergio sí le impone castigos, y bastante inhumanos como el que mencionó. ¿Y eso para ella no es una forma de maltrato? ¿No es humillarla y ponerla en evidencia? Pero ella lo acepta como algo completamente normal, acepta todo lo que él ordena, aun cuando ello atente contra su dignidad como ser humano.

Esta entrevista dio lugar a muchos comentarios dentro y fuera del país.

Mario Salinas, dueño de los estudios donde Sergio hacía sus grabaciones en Los Ángeles, comentó que, después de 10 años de relación profesional con él, de hecho no lo conocía bien, pues era un hombre muy reservado.

Cuando venía a los estudios, a veces se encerraba a grabar hasta 20 horas diarias durante varios días.

Respecto a Gloria, en realidad ni me saludaba, sólo cuando Sergio se lo indicaba. Siempre estaba callada y era muy distinta de como se veía en sus presentaciones. Se percibía el control que Sergio ejercía sobre ella.

Un club de fans de Gloria le otorgó un reconocimiento a Margarita Guillé por haberle hecho a su artista la peor entrevista de su carrera. En realidad esta reportera se puso en ridículo, pues no sabía ni el nombre del libro. Qué oso tan espantoso, ¿no?

Crystal, la cantante, opinó que prefería no hablar, ya que no estaba de acuerdo con mi libro. Declaró que con Sergio aprendió muchas cosas, entre ellas a tocar el piano. Sólo que un día tuvo un disgusto con él, causado por celos profesionales: como ella era muy amiga de Juan Gabriel, en una ocasión éste le hizo un gran favor, de lo cual Sergio se enteró y le reclamó que no le hubiera dicho nada. Debido a ese favor —que no reveló—, Crystal quedó muy agradecida con el "divo de la canción".

Otra revelación impresionante apareció en *TV Notas* de mayo:

Sergio Andrade es un monstruo, aseguró la mamá de Raquenel Portillo Jiménez, a quien todos conocen como Mary Boquitas. *Mi hija se casó con él cuando ella sólo tenía 14 años; tuvimos que acep-*

tar, amenazados por ese hombre de que si no dába-
mos nuestro consentimiento, no volveríamos a ver-
la. Él tenía una mirada que hipnotizaba y se sentía
con mucho poder, a nosotros nos amenazaba cons-
tantemente. Mi hija cambió mucho, se veía triste y
estaba como robotizada. Cuando venía a la casa,
siempre la acompañaban dos señoritas que no la
dejaban ni para ir al baño. Si le decíamos que lo
dejara, se enojaba y se iba de la casa. A mí me dolió
mucho saber que dormía con él y con Gloria en la
misma cama. Después supimos que Mary era una
especie de supervisora que vigilaba a las demás
muchachas y en mucho tiempo no la volvimos a ver.

Otras artistas se sintieron animadas a hablar de sus
experiencias. Anahí comentó a la prensa que le parecía positivo que haya personas con valor para denunciar situaciones como la mía:

Por supuesto que existe esa clase de tipos. Yo tuve
un representante que me quería manejar a su anto-
jo. Era muy posesivo y no me dejaba hacer ciertas
cosas que yo consideraba eran buenas para mi ca-
rrera. Por fortuna ya me libré de él, pero que hay
representantes opresores, los hay.

En *Tele Guía* de junio se publicó que Gloria Trevi
lanzaría su nuevo disco en octubre, sin la produc-

ción de Sergio Andrade. Se suponía que había entregado 10 canciones compuestas por ella, pero la mitad fue rechazada porque no eran muy comerciales. La misma revista publicó a principios de año que BMG Ariola le daría su carta de retiro a Gloria porque ya era un producto pasado de moda. Pero después decidieron renovar el contrato, al parecer porque los documentos estaban firmados por Sergio Andrade y él no se encontraba en posibilidad de presentar renuncia alguna, pues se debatía entre la vida y la muerte. No sabemos qué tan cierto haya sido todo esto o, tal como muchos aseguran con respecto a mí, si se trataba de una estrategia publicitaria.

El 18 de junio me enteré de que Gloria había acudido a un bufete de abogados de la ciudad de México para iniciar un proceso legal en contra de TV Azteca y en contra mía. Yo, a mi vez, declaré que, en caso de que fuera verdad, ya nos habría llegado la demanda o sus abogados se hubieran puesto en contacto con los míos:

No le tengo miedo, estoy preparada para cualquier cosa. En realidad estoy esperando que ella dé la cara, y creo que ya se tardó en demandar; si no fuera cierto lo que digo yo, ya se hubiera quejado. Por lo pronto, no creo que Sergio Andrade ya no sea su representante, todo es parte de un plan y no sé cuál sea su finalidad.

Por medio del periódico *Reforma* envié a Gloria el siguiente mensaje:

Gloria, de mi parte tienes todo mi apoyo, estoy esperando que toques a mi puerta o que suene el teléfono y que seas tú y me pidas ayuda; yo te la voy a dar porque sé que no eres feliz y quiero que lo seas. Me ha costado mucho hacer lo que estoy haciendo, he pasado por momentos muy difíciles y todo lo hago por las chavas que han sido víctimas; de alguna manera, estoy libre, estoy aquí.

En el fondo de mi corazón deseaba que ese mensaje llegara a Gloria y que ella me entendiera; que entendiera que lo que yo quiero es que se haga justicia.

Por su parte, TV Azteca, a través de su gerente de prensa, informó que está en espera de la notificación legal de la demanda de Gloria Trevi para responder a ella.

Paty Chapoy comentó que había enviado cámaras y micrófonos a Monterrey para obtener una versión de la familia Treviño:

Somos un medio de comunicación y debemos buscar las diferentes versiones en torno a un hecho. Desafortunadamente para Gloria, todos los testimonios que hemos encontrado coinciden con lo relatado por Aline en su libro. La demanda significa-

ría un ataque a la libertad de expresión de la que
gozan ahora los medios informativos.

Hasta donde yo sé, Gloria tuvo problemas en relación con sus compromisos de trabajo con TV Azteca y terminó sus relaciones con la empresa. Después firmó contrato con Televisa.

Lo que estaba sucediendo parecía una novela de la cual yo era la principal protagonista. Para mí era una nueva sensación el confrontar a otras personas, sobre todo en público; pero ahora sí estaba aprendiendo a defenderme y no sería presa fácil de Sergio y Gloria otra vez.

Por medio de la prensa intercambié mis declaraciones con las de Gloria, quien sostuvo que tanto Sergio como ella eran inocentes y que en cualquier momento él aparecería para aclarar los rumores y cuando lo hiciera, ella estaría presente también. Yo contesté que no me sentía una mentirosa por decir simplemente la verdad, sino que, por el contrario, estaba dispuesta a contar todo lo que sabía, pues tenía ya las pruebas suficientes. No niego que sentí miedo, pero podía más mi interés por rescatar a otras chicas del infierno en que vivían.

La guerra de declaraciones continuaba: días después, Gloria habló en exclusiva para *Tele Guía* y sus respuestas fueron las siguientes:

No me van a amedrentar... No ataco, pero sí me defiendo... He trabajado muy duro y no es justo lo que me están haciendo... Nunca he dicho por qué no firmé con TV Azteca pero no fue por lo que todos creen... Tuve razones mucho más importantes...

De hecho, nunca decía nada claro ni concreto que disipara las dudas sobre su conducta.

En *Mi Guía*, Paty Chapoy comentó que Gloria Trevi estaba eludiendo su responsabilidad, echando la culpa a la guerra entre televisoras. Que estaba asustada y lo que decía era parte de una campaña para beatificar su imagen y que Sergio Andrade estaba detrás de todo esto.

TV y Novelas publicó que Gloria defendió a Sergio Andrade diciendo que si tiene tanto pegue con las muchachas y lo aprovecha, como lo hace el 99 por ciento de los mexicanos, es algo muy distinto a todas las calumnias que se dicen de él. Respecto a ella, dijo que reaparecería el 2 de agosto en la clausura de la Expo Monterrey, que hay planes para que grabe una telenovela y un programa de televisón y que es probable que filme una película, además de lanzar su sexto disco de larga duración.

A principios de julio se supo que Gloria aclararía en público todas las dudas sobre su vida, su carrera, su ausencia de los escenarios y sus planes para el futuro. El lugar y la fecha elegidos fueron el programa *Al ritmo de la noche*, conducido por Jorge Ortiz de Pinedo, el día 16 del mismo mes. "Vaya, ya van a dar la cara", pensé, sin saber lo que ocurriría después.

Interrogado por la prensa, el señor Rodolfo López Negrete, presidente de la disquera donde graba Gloria, contestó:

—*¿La apoyarán en su demanda contra TV Azteca?*

—*Lo único que podemos hacer es darle un consejo, pero ella es libre de hacer lo que considere conveniente. Nosotros no podemos intervenir en la vida privada de nuestros artistas.*

—*¿Cuál sería el consejo?*

—*Que mejor olvide todo esto y se dedique de lleno a su carrera.*

El 17 de julio varios periódicos publicaron las opiniones de Luis de Llano Macedo, productor de Televisa:

A la empresa le interesa mantener limpia la imagen de todos los artistas que trabajan en ella. Si podemos ayudar a alguno —no nada más a Gloria Trevi— en su carrera y a aclarar la verdad, lo haremos con mucho gusto.

Agregó que Gloria les pidió posponer dos o tres semanas su presentación en *Al ritmo de la noche*, por otros compromisos que tenía.

Pero yo tenía reservada una sorpresa que no se esperaba nadie, mucho menos los que lanzaban contra mí sus críticas destructivas. Mi afán por ayudar a las jóvenes con problemas como el que yo viví, iba a cristalizar en una hermosa realidad: una fundación para prestarles apoyo psicológico, para cuya creación destiné una parte de las ganancias obtenidas con la venta del libro. Quería compartir ese logro con otras muchachas que quizá estaban esperando que alguien les tendiera la mano, y esa mano era la mía. El nombre de la fundación sería "Chicas de corazón digno con Aline", y yo ya estaba trabajando en el proyecto, del cual les contaré más adelante.

La comedia seguía adelante. Televisa entrevistó a Gloria en *Duro y directo*. Según la opinión de un periódico capitalino:

Si en Hoy mismo *nos doraron la píldora y nos la tragamos, ahora nos hicieron escupirla. En los dos programas nos hicieron sentir que actuaba bajo la guía de un libreto muy bien estructurado, y que se estaban pasando de listos, pero no hay nada peor para los que se pasan de listos que los aparentemente tontos los descubramos. Se nos indigestó el afán implícito en las preguntas y respuestas de pre-*

sentar a la Trevi como una heroína, quien nos pare-
ció demasiado demagógica y el programa algo así
como una defensa pagadísima. Después de esto, lo
único que cambiaría nuestra opinión sería una con-
frontación directa con Aline.

Nunca se sabía con exactitud dónde estaba Gloria,
todo eran especulaciones. Mientras su papá, don
Manuel Treviño, radicado en Ciudad Victoria, afir-
mó que lo fue a visitar después de haber estado con
su ex esposa Gloria Ruiz en Monterrey, uno de los
hermanos de Gloria negó que ella hubiera estado en
esa ciudad. Unos días después, la señora Gloria admitió que su hija comió con la familia en un restaurante de Monterrey el 30 de mayo:

Si los medios de comunicación no supieron de ella
durante mucho tiempo fue porque necesitaba vaca-
ciones, como cualquier persona, pero ya está de re-
greso.

Una revelación impactante nos puso a pensar a todos acerca de la situación física y mental de Gloria.
A pesar de todo lo que había pasado, yo no podía
evitar preocuparme por ella; me importaba que estuviera bien y que al fin pudiera hacer su vida, siendo ella misma, sin manipulaciones de ninguna clase. *TV y Novelas* entrevistó a Erika Morín, presi-

denta de su club de fans, quien, con mucha pena, confesó:

Todo lo que Aline dice en su libro vino a confirmar lo que ya sabíamos... El representante del club es psicólogo y ha consultado el caso de Gloria con otros especialistas; por desgracia, ella está enferma, sufre el síndrome de Estocolmo, que consiste en que un secuestrado se hace amigo de su secuestrador, para evitar que éste lo dañe... No hemos podido acercarnos a ella, sólo a través de los medios de comunicación... Su mamá siempre la ha tratado mal; le interesa más el qué dirán que cómo está su hija realmente...

Estas y otras declaraciones no dejaron de conmoverme, aunque en verdad pueden tratarse de puras especulaciones o de una táctica publicitaria.

Ya estábamos en junio y el libro era un éxito. Durante varias semanas estuvo en la lista de los 10 títulos más vendidos y el interés de la gente por conocer mi historia era un gran estímulo para mí. Me sentía muy reconfortada y con unas fuerzas enormes para seguir adelante. Cada día veía más claro mi futuro, y confirmaba a cada momento mi vocación como artista, por lo cual continuaba preparándome.

El día 4 de dicho mes ofrecí una conferencia de prensa en el Hotel Marquís Reforma para informar sobre las venta del libro y de la situación hasta el momento de la demanda contra Sergio. Las preguntas estuvieron más o menos en el siguiente tono:

—*¿Cómo te sientes respecto a que tu éxito surja a raíz de un escándalo?*

—*No es nada grato, por el contrario, es difícil... Me sentiré feliz cuando sea famosa por mi trabajo, no por mi vida ni por lo que sufrí. Pero ahora tengo que hacer frente a lo que pase.*

—*¿Cómo piensas quitarte la etiqueta?*

—*Echándole ganas a mi carrera. Es cuestión de tiempo, ahora todo está muy reciente.*

—*¿Qué final te gustaría que tuviera este problema?*

—*Me gustaría ver a Sergio en la cárcel y a Gloria y a Mary en sus casas, con sus novios, comprándose ropa en las tiendas, yendo a bailar y saliendo juntas a tomar un café.*

—*¿Qué piensas de las declaraciones de Gloria acerca de ti?*

—*No sé por qué evade las preguntas respecto a mí. Si no fuera cierto lo que digo, ya lo habría aclarado ella, pero no lo hace. Su reación no es normal, sé que Sergio sigue detrás de todo esto.*

—Referente a la película basada en tu libro, ¿ya tienes productor?

—No, estoy en pláticas, porque tal vez sea una coproducción con Estados Unidos. Creo es una historia que tiene que ser llevada a la pantalla. Me gustaría que Enrique Rocha interpretara a Sergio y mi personaje lo hiciera Francisca Gillén, pues me parece muy buena actriz.

Quiero decirles que a la conferencia asistieron Lupita Casillas, ex esposa de Sergio, y Guadalupe Carrasco, una de las chicas que también logró escapar, como yo, quienes tenían mucho qué decir acerca de Sergio Andrade. Ellas aclararon que estaban allí por su propia voluntad y que nadie les había pagado para que declararan. Cada una refirió los maltratos físicos y mentales que sufrieron por parte de Andrade durante el tiempo que convivieron con él, como dejarlas sin alimento, no pagarles por sus servicios y privarlas de la libertad; también expusieron que muchas muchachas más están pasando por la misma situación. De estos hechos ya presentó cada una su propia demanda. Estuvieron presentes mi abogado y los representantes de Editorial Grijalbo.

A los medios se les entregó un legajo de todos los documentos relativos a las demandas, incluyendo la de Irma Alejandra Jiménez Pierre, quien estuvo bajo el poder de Sergio.

Según versiones de Bibis de la Garza, asistente de la mamá de Gloria, ésta se presentó a declarar como testigo ante los Tribunales de la 1a. Agencia del Ministerio Público de la ciudad de México en relación con la denuncia de hechos que yo presenté. No aclaró cuáles fueron las declaraciones de Gloria, pero insistió en que sólo asistió como testigo y no como acusada. Agregó que Gloria no grabó *Al ritmo de la noche* porque cuando llegó a los estudios, allí la estaban esperando mis abogados.

Mi abogado desmintió que Gloria se hubiera presentando ante el Ministerio Público y el número de averiguación que dio la señora de la Garza no corresponde con el de mi denuncia. El lugar tampoco coincide, pues yo acudí a la Procuraduría de Justicia del Distrito Federal y ellos a la Delegación Miguel Hidalgo. Otra cosa equivocada es la fecha: la señora dijo que mi denuncia tiene fecha del 22 de abril, pero la fecha verdadera es 14 de abril. Por su parte, el licenciado Fuentes desmintió que hayan estado esperando a Gloria a su llegada a las grabaciones de *Al ritmo de la noche*, pues eso es labor exclusiva de la policía, por no haber respondido ella a la orden de presentación.

Se incluyeron también copias de cartas y recados escritos a Sergio por Gloria y otras chicas, en los que se advierte la influencia negativa que él ejerce sobre ellas, así como la foto de una niña de ocho años, desnuda, que formó parte de los calendarios que él hacía. Estos documentos, por cierto, están siendo analizados por mi abogado y su equipo para tener la certeza de su autenticidad y poder usarlos como pruebas contra Sergio en caso de ser necesario.

Guadalupe mostró un calendario donde aparece una foto de ella, junto con otras menores de edad, exhibiendo sus cuerpos, para la cual posó por orden de Andrade, sin saber cuál era su finalidad y sin recibir pago alguno por ella.

Lupita Casillas confirmó que lo que digo en mi libro es cierto y que esperaba que todos los testimonios que se logren reunir sirvan para detener a Sergio y a otros que hacen lo mismo que él. Lo único que pedimos es que se haga justicia.

Asistió también el club de fans "Aurora" de Gloria Trevi…

Invité a las chicas que hubieran tenido algo qué ver con Sergio a rendir su declaración en alguna delegación o comandancia de policía y expuse a los reporteros mi intención de trabajar muy duro para ser reconocida por mi propio esfuerzo en el ambiente artístico.

El mismo día trascendió que Gloria envió un fax a Ricardo Salinas Pliego, presidente de TV Azteca, denunciando que en los programas *Ventaneando, El ojo del huracán* y *Caiga quien caiga* se han dedicado a atacarla y difamarla, lo mismo que a su familia; que el motivo de tales ataques es que se negó a firmar contrato de exclusividad con dicha empresa y que no se prestará a darles material para que buscaran audiencia a costa de ella.

Al día siguiente, en una entrevista, negó haber recibido orden de presentarse y que, por lo tanto, no había declarado nada sobre Sergio Andrade:

—*Yo no he recibido nada, ni sé nada.*

—*¿Estás enterada de que la Procuraduría te requiere como testigo en el caso de Aline?*

—*Soy testigo pero de que Sergio Andrade es todo un caballero...*

—*¿Quién te quiere hacer daño?*

—*Es gente de muy arriba.*

—*¿Te arrepientes de algo?*

—*No, de nada.*

—*¿Te estabas escondiendo?*

—*No, es que la disquera y Televisa acordamos que hiciera el programa* Al ritmo de la noche *después de dos semanas, cuando la serie vaya a terminar.*

Yo estaba muy atareada con lo de la fundación. El DIF se interesó en el proyecto y voy a trabajar en conjunto con esta institución; claro que necesito otros patrocinadores que colaboren con los gastos. El programa ya estaba listo y tuve dos satisfacciones: entregárselo a los representantes del DIF y concretar la apertura de la fundación, posiblemente para fines de este año, con sede en Toluca.

A principios de mayo, uno de los periódicos capitalinos de mayor circulación publicó un artículo con el título "Otra víctima de Sergio Andrade", en el cual Guadalupe, una de las chicas que "estudiaron" con él, habló de la relación que llevó con Sergio y con Gloria:

En el 95 gané un certamen de belleza en el estado de Guerrero y después participé en el concurso a nivel nacional. El día de la final, varias jovencitas estuvieron repartiendo invitaciones a las concursantes para hacer casting *y trabajar con Gloria Trevi. Me atrajo la invitación y me presenté a una audición, en la que actué, canté y modelé ante Sergio Andrade. Una semana después me llamaron para avisarme que fui aceptada, sólo que la misma Gloria me advirtió que tenía que dejar a mi familia y mis estudios de periodismo. Luego me llevaron a una de las casas que tiene Sergio en Cuernavaca y posé en traje de baño para una fotógrafa, junto con otras chavas; recuerdo que allí estaba Sergio. Después tomé clases de canto, actuación y acondicionamiento físico durante algunos días, pero luego ya no tomaba clases de nada; me tenían encerrada y no me dejaban salir. Al fin Sergio me preguntó si quería formar parte del equipo de Gloria y, por supuesto, acepté. Nunca me pagó un centavo y, según él, todo formaba parte de mi preparación. En ocasiones me gritaba y me llamaba Tupi, al parecer por estúpida. Un día, cuando estábamos en una casa que tiene en Zihuatanejo, una de las niñas intentó escapar: se arrojó al mar y se puso a nadar desesperadamente, pero la descubrieron y la encerraron desnuda en el baño. Yo me asusté y pedí permiso para visitar a mi mamá, que estaba enferma del corazón. Sergio se enojó mucho y me llevaron a casa de mis tíos para comprobar si era verdad lo que le decía; sólo así se convenció y me dio permiso. Pasado un tiempo le hablé y le dije que no iba a regresar, porque a mi mamá tenían que ponerle un marcapasos; como comprenderán, se enfureció, aunque tiempo después me pidió que regresara, y me dijo que mi mamá podía quedarse en una de sus casas, atendida por una enfermera. Pero yo no acepté, y me alegro mucho de no haberlo hecho.*

Tiempo después, Guadalupe se enteró de que una de las fotos que le tomaron formaba parte de un calendario, de lo cual nunca se le informó ni recibió ningún pago por ella. Es probable que se trate del mismo calendario que asegura fue producido por Sergio con fotos de puras adolescentes, el cual se distribuyó en forma clandestina y en el que, junto con la fotografía de la chica del mes, aparecía su número telefónico.

Cuando la no aparición de Gloria en *Al ritmo de la noche*, se confirmó lo que sospeché desde un principio: que no daría la cara y, mientras tanto, aprovecharía el suspenso para aumentar el interés del público por verla. Por supuesto, se trataba de otro ardid de Sergio Andrade, una más de sus estrategias maquiavélicas.

Pasadas las dos semanas, se repitió el incidente: Gloria canceló otra vez su reaparición, programada para el 5 de agosto. Ya se imaginarán la reacción de la gente: había enojo porque sentían como una burla o una farsa su actitud. Gloria había pedido que no estuviera presente la prensa en el programa, y ahora le estaba dando las armas para publicar toda clase de especulaciones: unos medios dijeron que llegó a Televisa a grabar, pero no se bajó del coche por miedo a ser detenida por varios agentes que la estaban esperando, ya que había una orden de aprehensión en su contra. Otros argumentaron que andaba prófuga y "a salto de mata" junto con Sergio; otros más, que estaba en peligro el contrato firmado con su disquera, ya que no se presentó a grabar el disco que debía lanzarse en septiembre.

Mi abogado comentó que quizá Gloria se enteró de un dispositivo preparado por la policía judicial a las afueras de Televisa, el cual logró evadir al no asistir a la grabación del programa. Interrogado sobre quién podría haberle avisado del operativo, contestó que existe la posibilidad, "y sólo eso", de que sus teléfonos estuvieran intervenidos:

No es la primera vez que Andrade y Gloria logran evadir un dispositivo vinculado con la orden de presentación: hace 15 días teníamos ubicado a Sergio en Pachuca, pero cuando llegaron las autoridades al lugar indicado, ya no había nadie.

Dijo no estar enterado de una supuesta orden de aprehensión contra Gloria, aclaró que lo que hay es una orden de presentación para que comparezca de inmediato como testigo ante las autoridades del ramo y que ha sido requerida por la Procuraduría de Justicia del Distrito Federal en cinco ocasiones y en ninguna ha habido respuesta.

Todo era como una gran campaña para lavar la imagen de Gloria. Creo que no les interesaba tanto Sergio, sino ella, como parte de un negocio en el que se manejaba mucho dinero. Era lógico que no podían conformarse con ver a su artista caída, con el prestigio por los suelos, producto de su relación con un ser tan nocivo como Sergio. Por lo tanto, se empezaron a mover los hilos: Gloria fue entrevistada por Cristina, en Univisión y por López Dóriga, en México. En ambos programas se le dio la oportunidad de defenderse, de presentar pruebas de su inocencia, pero, como siempre, no dijo nada concreto.

Cuando Cristina le preguntó por qué Sergio la dejaba sola en una situación tan difícil, contestó que a él siempre se le ha visto como un líder y ahora no quiere que lo vean enfermo. Que ella lo quería como a un amigo, a un padre, a un maestro, a un amor. Cuando se le preguntó qué le había parecido el libro, dijo que le había roto el corazón y esperaba que Sergio nunca lo leyera, pues él se había casado conmigo muy enamorado y se creyó amado por mí. Refiriéndose a mí, dijo que me consideró su amiga y me quiso como tal:

No tengo derecho de juzgar a nadie, como no me gusta que me juzguen a mí, para eso está Dios. Estoy tranquila con mi conciencia y no me arrepiento de nada.

Con López Dóriga quiso dar la impresión de la chica inteligente, ocurrente, simpática, buena e incapaz de todo lo que se dice de ella. Explicó que su compañía disquera y Televisa no consideraron conveniente que se presentara en *Al ritmo de la noche*. Habló de sus planes de estudiar en la Universidad de Tamaulipas y cantó una canción de Sergio, con una letra muy sugerente, por cierto. Otra vez la información manipulada.

ne, la Gloria por el Infierno tuvo fuertes reper-
cusiones en el sur de Estados Unidos, aun antes de
que saliera a la venta. Sevcec me invitó a su programa de Telemundo Network, en Miami, al que acudí
con mi mamá y mi amiga, la psicóloga Verónica Hernández. Después de que el conductor nos hizo algunas preguntas a las que contestamos espontáneamen-
te, seguras de lo que decíamos, llamaron al otro in-
vitado, Ramiro, uno de los hermanos de Gloria. Éste
dijo que ella estaba en Europa descansando, que
Sergio Andrade era una buena persona y que no sabía cómo pude sacar un libro afirmando semejantes
cosas. Cada quien sostuvo lo que tenía que decir y
la polémica quedó allí, sin terminar, como hasta el
momento.

El programa *Duro y directo* me invitó para hacer
un especial sobre mi libro y yo acepté. Su conductor, Fernando del Rincón, me entrevistó en mi casa
y creí que se trataba de un asunto serio, por lo que
contesté con la honestidad y veracidad que he manejado en todas mi declaraciones. Pero mi desilusión fue muy grande cuando el programa salió al
aire: tergiversaron mis comentarios y se dedicaron a
contradecir, no sólo mis respuestas a la entrevista,
sino partes importantes del libro. Según ellos, habían realizado una investigación a fondo y estaban
proporcionando pruebas contundentes para desmentirme. Localizaron a Marlene y a Karla de la Cuesta,

106

quienes negaron todo; presentaron cartas supuestamente escritas por mí a Sergio, en las que aparezco más que como una adolescente engañada y manipulada, como una mujer fatal, de negros sentimientos y conducta dudosa. Exhibieron tarjetas de crédito y cheques a mi nombre, con el fin de echar por tierra el hecho de que con Sergio a veces no teníamos ni para comer. Pero lo que no aclararon fue que a él teníamos que entregarle notas y comprobantes hasta del último peso que se gastaba porque, de lo contrario, recibíamos regaños y castigos inhumanos. Estas y otras cosas más se expusieron con la peor intención y yo estoy segura de que era algo preparado para echar por los suelos mi credibilidad y otorgar a Gloria y a Sergio el papel de víctimas.

Mary Boquitas negó que hubiera sido mi guardiana y que sólo le informaba a Sergio, como haría cualquier buena amiga, de que a mí me gustaban los muchachos de mi edad y que tenía delirio por ciertos artistas jóvenes. ¡Uy, qué pecado tan grande! ¿no? Defendió a Sergio a capa y espada, presentándolo como a un hombre culto, inteligente, con una biblioteca enorme, ajeno por completo a la manipulación que yo denuncio en el libro. Todo había sido estudiado con cuidado, seguramente hasta lo que tenía que decir cada quién. ¿Quién preparó el teatro? ¿Por qué? Creo que no nos será tan difícil dar con las respuestas.

Yo, por mi parte, recibí innumerables muestras de respaldo de la gente, por las cuales le doy gracias a Dios, ya que era justo lo que necesitaba en esos momentos. El apoyo de quienes reconocían mi verdadero interés por ayudar y mi decisión de lanzarme contra todo y contra todos para convertir mis anhelos de justicia en una realidad fue muy valioso. Por ejemplo, a TV Azteca se comunicaron personas de distintas partes de la República, felicitándome por denunciar hechos de gente tan influyente en el medio artístico, y por no temer a las consecuencias que ello pudiera traerme.

En otros mensajes, muchos me ofrecieron presentar más testimonios a favor de mi denuncia y su ayuda incondicional para lo que fuera necesario. Yo sentí estas manifestaciones como una verdadera caricia, como signo de la solidaridad que se requiere cuando nos decidimos a enfrentar juntos las adversidades.

Quiero compartir con ustedes algunas de esas muestras que valen para mí más que todo el oro del mundo:

De la Secretaría de la Comisión Legislativa de la Mujer, del Congreso del Estado de Guerrero:

Aline: aquí en Guerrero todas las mujeres estamos trabajando para sacar adelante a mujeres tan valientes como usted, que delatan las atrocidades de que son objeto. Todas las integrantes de la Comisión Legislativa de la Mujer la admiramos y la apoyamos. Saludos.

Diputada Estela Ramírez

Apoyamos a Aline, ojalá todas las madres de México se den cuenta de que hay muchos Sergios Andrades y que cuiden a sus hijas.

R. García

Aline: por su gran valentía y hablar con la realidad. Ojalá y Gloria Trevi tomara su ejemplo.

A. Guadarrama

¿Por qué dudan tanto de la palabra de Aline si hay tantos hombres como Sergio Andrade, el cual algo esconde, porque hasta ahora no se ha presentado a dar su opinión? Yo creo que Gloria está tan amenazada que no se atreve a dejarlo y denunciarlo.

D. Fernández

Yo creo que Sergio Andrade no debe andar suelto, con el temor de que se burle del mundo entero y de las incautas que quieren fama y dinero.

G. de Flores

Del estado de Morelos:

Yo creo que todas las mujeres debemos apoyar a Aline.

A. Medina

Del Estado de México:

Creo que la razón la tiene Aline, lo que ha dicho Gloria es mentira y se ha presentado ahora "muy sedita". En México hay cantidad de vividores como Sergio Andrade, ojalá Televisa no los defienda ni los encubra.

A. Montaño

Detrás de las aspiraciones de Gloria Trevi a la presidencia está Sergio Andrade.

A. Ramírez

Pero hubo un mensaje en particular que me conmovió y me infundió mucho ánimo:

Aline, sólo Dios sabe lo que viviste y quiero que sepas que te comprendemos y que admiramos tu fuerza para salir adelante. ¡Eres muy muy grande y valiosa y este país te lo agradecerá!

Primer viaje después de su regreso al hogar.
Aline se rencuentra con el mundo y consigo misma.

Aline empieza a realizar sus deseos de viajar y conocer el mundo.
Aquí en Nueva York, la Gran Urbe de Hierro, en 1994.

Un sueño realizado: Aline es dueña de su primer carro.

Rodeada del cariño de su familia y amigos en su cumpleaños número 18.

Aline con Verónica, su amiga y psicóloga, en un viaje a
Los Ángeles, California.

Con los hermanos Leija, cuando aún eran sus representantes.

Festejando su cumpleaños número 21 con Mossy, una de sus grandes amigas.

Jóvenes que se preparan para triunfar como artistas: con sus compañeros en la escuela de TV Azteca.

Aline (al centro), caracterizada como Dalia "La Norteña" en *Al norte del corazón.*

En viaje de trabajo a Monterrey, con Alicia Villarreal, vocalista del grupo Límite.

Compartiendo con la cantante Lidia Cavazos en *Corazón grupero*, su programa en TV Azteca.

Con su abogado Enrique Fuentes, su editor Gian Carlo Corte y Jossie, su mamá, en la presentación de *Aline, la Gloria por el Infierno.*

Aline autografiando ejemplares en una de las librerías donde se presentó después de su lanzamiento.

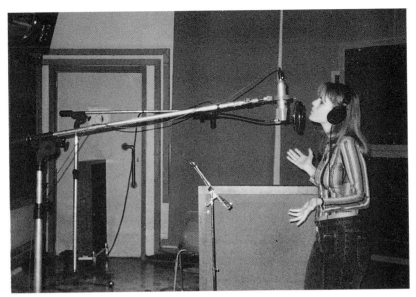

Y llegó el momento: Aline grabando su disco en los estudios.

Sus bailarines son también buenos amigos de Aline.

Con Alan Tacher y Débora Ríos en una reunión para celebrar su cumpleaños número 22.

El deseo de aprender. Aline con sergio Jaubert, su maestro de fisonomismo.

El detalle chusco: una imitadora de Gloria Trevi al lado de Aline.

Un gran equipo: Aline con sus bailarines (sus corazones gruperos).

Con una de las "cuatro mosqueteras", su bella amiga Adriana Fonseca.

Las cuatro inseparables: Liza, Aline, Adriana y Patricia.

Una meta alcanzada.
La portada del disco
Caricias verdaderas.

La
contraportada
del disco.

Échale fuerza, ganas y mucho valor...

Estamos para ayudarte en lo que quieras. Lo que quieras de corazón.

L. C.

Se volvió a saber de Gloria a principios de octubre, cuando fue entrevistada durante un viaje a Miami. Dijo que iba a hablar con su disquera acerca de su nuevo disco y que luego iría a Nueva York a encontrarse con su novio, al cual conoció en Italia. Trató de mostrarse contenta y optimista con respecto a su futuro y una vez más aseguró que Sergio Andrade era un hombre muy profesional, incapaz de ofender o abusar de alguien:

Dicen que nos llamaba estúpidas... pero siempre nos impulsó, sobre todo cuando estábamos en "Boquitas pintadas".

Era exigente, pero muy profesional... Lo quise y lo quiero mucho... Yo no fui su amante y lo amo mucho... él está muy mal... tengo más de cuatro meses sin verlo...

Los periodistas le preguntaron por qué estaba sucediendo todo lo que ya sabemos, y contó lo siguiente:

Un día tuve una reunión muy dura con "El Tigre" (Emilio Azcárraga Milmo), pero terminamos mal y

111

decidí salirme de Televisa. Sergio y Paty Chapoy me llevaron con Salinas Pliego para entrar a TV Azteca, donde me ofrecieron un contrato muy bueno. Aceptaron el video de cómo se fotografió mi calendario —el cual Televisa rechazó porque no aceptaban producciones ajenas— e hicieron un programa que fue un hit. *Pero cuando ya íbamos a empezar otros programas, TV Azteca se echó para atrás y me dijeron que no podían pagar la cantidad que acordamos. Yo me enojé mucho y volví a Televisa; entonces me llamaron y me dijeron que habían hecho un gran esfuerzo y que me pagarían lo acordado, y no me quedaba de otra que aceptar. Pero yo soy muy orgullosa y no quise regresar, y eso no me lo perdonan.*

Luego habló de que planea volver a la televisión en 1999, en una telenovela de Televisa, de la cual todavía no conoce el nombre ni el productor. Para ella parecía que nada hubiera pasado, y trató de evitar el tema de Sergio a toda costa.

No es sólo Sergio Andrade, como él hay muchos más en el mundo artístico... Es un patrón de conducta de los tipos que tienen contactos y poder en el medio, que te ilusionan diciéndote que te van a apoyar y que si no haces lo que ellos quieren, te amenazan con que no vas a tener disco, ni saldrás en la tele, ni nada.

Las anteriores son palabras de Judith Enriqueta Chávez Flores, cuyo nombre artístico es Ga-Bí, y que tuvo sus mejores momentos como cantante en los años 79 y 80. Ahora vive en Carolina del Norte, donde está casada y trabaja como cosmetóloga. Ga-Bí encontró en Internet un reportaje publicado por el periódico *La Jornada* el 13 y 14 de febrero de 1998 sobre el caso de Sergio y Gloria, y después de meditarlo un tiempo, tomó la decisión de dar a conocer lo siguiente:

Sergio Andrade abusó de mí y me manipuló. Hizo conmigo lo mismo que está haciendo con todas esas niñas.

Pero también dice que él no fue el único, que hombres muy importantes en el mundo del espectáculo de aquel entonces también se aprovecharon de ella cuando aún era una adolescente, y que si conoció la fama (aunque fuera de manera temporal), fue mediante su sometimiento a situaciones de tipo sexual y emocional de las que es muy difícil salir cuando se es tan joven. Hoy se ha convertido al cristianismo y sólo da conciertos de beneficio y en bases militares estadunidenses, llevando su mensaje religioso.

Ga-Bí también contó que la imagen que Gloria Trevi proyecta es una copia de la que planeó junto con Sergio para ella, en 1986. Incluso tiene una foto de mayo del 88, de una entrevista con Guillermo Ochoa, donde aparece con el cabello como lo usa Gloria:

Además de las medias rotas, yo quería usar siempre los shorts *como parte de mi vestuario.*

8. Los ataques y agresiones sufridas

Muchos me apoyaron y también
muchos me atacaron. Pero estaba tan
segura de lo que hacía que a éstos
pude ignorarlos.

El libro provocó reacciones de todo tipo: algunos me atacaron en una forma por demás agresiva, otros se solidarizaron conmigo.

Otros más, como el Club Oficial de Gloria Trevi, "Aurora", vieron el libro como un ataque hacia ella, más que como una biografía mía y, en una carta a una conocida periodista, comentaron:

No es la primera vez que escuchamos cosas seme-
jantes según las cuales el señor Sergio Andrade pa-
rece seguir el comportamiento arquetípico de
Calígula o el Conde Drácula.

Sin embargo, pedían que todo se manejara en forma ética:

Si no lo manejan con ética pueden causar mucho daño, no únicamente a Gloria, a Mary o a las chicas que las rodean, sino a gran parte de la infancia y la juventud mexicanas, que ha venido siguiendo con afecto y pasión la carrera de Gloria.

Bueno, cada quien con su opinión, ¿no creen? Una cosa sí les digo, que el libro lo escribí justo para que esa infancia y juventud mexicanas no cayeran en la misma situación que yo y muchas otras niñas...

Más adelante conocí a Lupus, el presidente del club, y platicamos. En una extensa carta posterior me dijo, entre otras cosas, que ahora coincide con que la narrativa de mi libro cumplió una función terapéutica y que todo aquello: las humillaciones, el terror, los castigos, se convirtieron en un triunfo para mí. Me dijo también que estaban dispuestos a ayudar a "reconstruir la personalidad" de Gloria y de las otras chavas víctimas y que la primera que lo había logrado era yo.

En fin, su carta significó mucho para mí, en especial después de que los medios han manejado el asunto como si se tratara de un pleito entre Gloria y yo, cuando en realidad es una lacerante denuncia, es una especie de diario en el que quise compartir con la gente que me ha hecho el favor de leer el libro una etapa dolorosa de mi vida, de la cual gracias a Dios y a la fuerza que no sé de dónde pude reunir, logré salir.

Se ha hablado mucho también de que todo esto no es más que una guerra entre televisoras pero, ¿en verdad creen que yo me prestaría a desnudar mi alma y mis sentimientos por apoyar a una u otra? No, mis propósitos fueron muy distintos y están por fructificar con uno de mis más grandes sueños: la fundación, un proyecto que será posible debido en gran parte a lo que muchos han criticado: las regalías ganadas con *Aline, la Gloria por el Infierno*. Nunca me cansaré de repetir que voy a hacer todo lo que esté en mis manos para ayudar a niñas y jóvenes que sufran de abuso sexual, sean quienes sean; como dijera Lupus, tal vez hasta a la mismísima Gloria o Mary.

Hablando de mis propias reacciones, por supuesto que mi vida ha cambiado muchísimo a raíz de la publicación del libro; fue como salir de una prisión. ¿En qué cambió mi vida? Pues en que ya no tenía pesadillas como antes. Es raro, pero es cierto: como por arte de magia mi vida mejoró sólo unos días después de la salida del libro. Tengo una mayor paz interior.

Claro, también empezaron otro tipo de temores, normales creo, a lo que me podía pasar por mi "atrevimiento". Mis abogados me aconsejaron que contratara a un guardaespaldas, pero nunca lo hice. La verdad es que parte de la razón es que no tenía un súper sueldo como para darme ese lujo. Ya la gente me ve en la calle y comentan: "Ahí va la del libro", o me saludan: "¡Felicidades, qué valor!" y me dicen otras cosas bonitas. Hasta ahora no me he encontrado con alguien que me haga el feo, al contrario. El único incidente de este tipo fue un día que entré con una amiga a una tienda de ropa y estaban tocando música de Gloria Trevi. Como me reconocieron, subieron el volumen y la vendedora se puso a cantar a viva voz. Pero eso no me molestó, porque a mí me gustaban las canciones de Gloria y mucho; es más, yo le di ideas para muchos de sus temas...

Mi primer libro provocó que sucedieran cosas buenas y malas: mis amigos me vieron con otros ojos, unos con interés, unos con lástima. Otros, bastante "fresas", me miraban como diciendo: "¡Ay, mira todo lo que le pasó, qué oso!" Como ya te conté, varios galanes me rehuyeron, pero eso no importa, porque el que me quiera tiene que aceptarme con mi pasado, mi presente y mi futuro.

Tú no sabes los nervios que tenía el día de la presentación del libro. ¡Qué impresión! Tantos reporteros y cámaras de televisión juntos me hicieron recordar viejos momentos. Ahora todos estaban ahí porque querían escuchar mi historia, estaban interesados en lo que les tenía que decir y yo sentía que era un momento crucial de mi existencia.

Por fin se cumplía un gran anhelo, una idea que no sabía si algún día se haría realidad. ¡No podía creerlo! Y, como siempre, mi familia apoyándome en todo momento. Ellos dieron la cara por mí: mi mamá en su negocio, mi hermana con sus compañeros de escuela, que no dejaban de hacerle preguntas, y mi papá.

Se formó un muy buen equipo y sus integrantes: mis editores, mis abogados, mi representante, mi familia y mis ángeles de la guarda (¡por supuesto!) cooperaron e hicieron su mejor esfuerzo para que no hubiera tropiezos. Y logramos publicar el libro y vender lo que se lleva vendido, sin una sola represalia. No quiero pecar de falsa modestia: yo también cooperé al cien por ciento, siendo fuerte y resistiendo todo lo que se venía encima. Porque cuando quieres algo de verdad, puedes superar cualquier cosa para conseguirlo. Los sueños son los deseos más preciados que tenemos los seres humanos, y muchas veces no nos damos cuenta de que todos tenemos la capacidad para convertirlos en realidad.

El tipo de fama que me gané con el libro no es precisamente el que buscaba; yo quería hacerme famosa vendiendo 100 mil discos, no 100 mil libros. Claro que eso me hace feliz, pero no del todo; me sentiré realizada el día que me den mi disco de oro.

Es increíble que la gente piense que me hice rica por un libro y que se me salen los billetes por las bolsas, ¡ojalá así fuera! He sido muy criticada y agredida por algunos medios de comunicación, cosa que no me afecta demasiado porque todos tenemos el derecho de decir lo que opinamos y sentimos, ¿no es así? Pensé que me había preparado pero, de verdad, nunca me imaginé que se armaría un escándalo tan grande. Creí que el libro llamaría la atención de la gente, ¡pero no tanto!

Cuando Gloria apareció en la tele por primera vez con Guillermo Ochoa y observé su reacción y escuché lo que contestó, me dije: "Dios mío, esto ya explotó" Sergio ya estaba perfectamente al tanto, lo mismo que Gloria y las demás chavas. ¿Qué habrá pensado Andrade? Me hubiera encantado ser testigo de sus reacciones, saber si despertó algo en su conciencia, si le hice ver un poco todo el daño que hace a la gente.

Todos me preguntan que si lo odio y con honestidad puedo responder que no, de corazón te lo digo. Le guardo rencor, que creo que no es lo mismo, pero no soy quién para juzgarlo a él ni a nadie. Lo único que anhelo es que pronto reciba su merecido, porque en esta vida todos nos ganamos el premio o castigo a nuestros actos.

Al principio estaba muy enojada y dije muchas cosas: que sí lo odiaba, que lo metieran a la cárcel, etc. Cuando uno está resentido con alguien y en una cantidad interminable de entrevistas se encargan de recordártelo, dices muchas cosas, cosas cargadas de coraje. Pero con el tiempo todas las ondas se van suavizando, las heridas van cerrando, sobre todo si tienes a alguien que te las cure, como una buena familia, buenos amigos y tal vez un amor.

9. Y, ¿dónde está Sergio Andrade?

Sólo Dios, él y Gloria
lo saben.

En este capítulo me propuse abordar un tema que estoy segura de que a todos interesa: y a todo esto, ¿qué ha pasado con Sergio? Muchos me preguntan qué sé de él, dónde anda, qué hace en la actualidad.

Pues la verdad es que no sé nada en absoluto. No se ha hecho presente desde la última vez que se le vio, y eso fue cuando estaba con Gloria en los programas de *XETU Remix*, que terminaron a mediados del 97, si no me equivoco. Desde entonces no sé nada de él. Personas que conozco me dijeron que lo vieron en Televisa acompañando a Gloria después de que salió mi libro, y que estaba bien; que seguía muy gordo pero que no lo vieron enfermo, así de muerte, como aseguró Gloria. Hubo gente que me dijo que, en efecto, está muy enfermo, y a mis abo-

122

gados les llegó el rumor de que ya había muerto y por eso Gloria volvió a desaparecer. ¿Cuál será la verdad?

Según la gente que ha podido estar cerca de él, que lo vio hace unos meses, no está enfermo; yo puedo estar casi segura de que todo es un invento de él para evadir sus responsabilidades.

Uno de los últimos boletines que se dio a conocer es que estaba internado en una clínica en París, pero mi opinión es que él mismo manda esos informes para distraer a la policía y a los medios de comunicación. No cabe duda de que es maquiavélico.

Lo que sí te puedo decir, sin temor a equivocarme, es que no enfrentará esto, que seguirá escondido porque no va a tener el valor de encarar lo que está pasando, ya que se trata de algo muy grave. Mira, tan culpable se sabe y se siente, que el que calla otorga. Si se supiera inocente, ya habría entablado una demanda en mi contra por difamación o ya se habrían suscitado mil cosas, no sé, amenazas. Pero no puede demandarme porque no tiene bases. Sabe que lo que digo es verdad. Si alguien te está calumniando, tú te presentas y dices: "Eso es mentira". Tu primera reacción es saltar y pelear, y ellos no han hecho *nada*. Gloria va con la bandera de que "Dios la perdone, pobrecita y qué mal agradecida es". ¡Qué contradicción! Gloria, que es la atrevida, la que no se deja, la fuerte, la luchona y que le estén haciendo algo así y ella lo permita; la gente no es tonta...

Hace poco tuve una entrevista de radio a la que fue una señora que lee las cartas y es vidente. El programa era al aire y me leyó las cartas. Me dijeron que preguntara por Sergio y por Gloria. La señora dijo que, sí, Sergio estaba muy enfermo y era probable que muriera, pero la carta del temor que salió indicaba que Gloria no hablaría. Según la señora, aun después de muerto él, ella no va a querer hablar. Tendría que pasar mucho tiempo para que se recuperara y superara todo lo que pasó, para que se atreviera a hablar.

La vidente, quien por cierto no había leído mi libro ni conocía bien mi historia, dijo:

Hasta me atrevo a mencionar que Gloria y Sergio tienen una relación sentimental (salieron las cartas de pareja), y sí, ella está con él; no en la ciudad de México, pero no me atrevo a decir que estén muy lejos; pueden estar en el país, en otro estado.

Las cartas predijeron que me buscarían y me ofrecerían una cantidad de dinero para callarme y dejar esto por la paz. Yo también creí que Sergio trataría de hacerlo desde antes, porque ésa era su manera de salir de los problemas. Yo lo viví: cuando los músicos se la hacían "de tos" o alguien lo demandaba, les ofrecía dinero para que retiraran la demanda y se callaran. Conmigo no lo hizo, y aunque así hubiera sido, yo habría seguido adelante, pues no puedo romper este compromiso moral que tengo conmigo misma. En otras palabras, no puedo fallarme.

Este misterio en relación con su paradero demuestra lo escurridizo que es Sergio. ¿Cómo puede alguien esconderse de esa manera y por tanto tiempo? Debe tener más poder del que pensaba.

Por ahí andan diciendo también que se ha venido sometiendo a cirugías de reconstrucción facial, para que ya nadie lo reconozca. A mí no me consta nada y no puedo afirmar nada. Dejemos que los investigadores hagan su trabajo.

Me han preguntado sobre su relación con su hermano, que es senador. Pues yo creo que es difícil que por medio de él se averigüe algo porque, según lo que yo pude observar, ellos no se llevaban bien, no se querían. De hecho, durante todo el tiempo que estuve con Sergio, vi a su hermano unas dos veces y se saludaban como con mucha diplomacia. Gente que conoce bien a Eduardo me ha dicho que él no quiere a su hermano, que piensa que está loco.

Yo sí llegué a tener temores. Pensé: "¡En la torre!, su hermano es picudo en la política". Pero lo más que me llegó a pasar —y de ninguna manera quiero decir que el incidente esté relacionado— es que un día, fuera de mi casa pintaron mi camioneta blanca con *spray* rojo, de ése que usan para los *grafitis*. No escribieron sobre la camioneta, nada más hicieron rayas. Fui a cambiarme porque iban a pasar por mí; entonces oí el ruido de un coche y me asomé a la ventana. Fue cuando vi mi camioneta pintada. Como acababa de llegar (unos tres minutos antes), estuvimos muy a tiempo de desmancharla. Bajé gritando: "¡Mamá, papá, me pintaron mi coche de rojo!" Mi mamá salió con cera de pulir y con alcohol y no sé qué tantas cosas y logramos quitar esa pintura que no se quita con nada. ¿Sabes el dineral en que me hubiera salido? Entonces, si los que pintaron mi camioneta están leyendo este libro, quiero que sepan que no se salieron con la suya, que yo tengo un ángel que me cuida y no me pueden hacer daño. Que no me costó muy caro: un algodón y tantito alcohol.

Ahora bien, con todo este asunto de la demanda, me solicitaron un examen, una evaluación psicológica, para ver si hubo abuso psicológico por parte de Sergio hacia mi persona. Me puse en manos de un psicólogo y la evaluación ya está lista; en los resultados se aprecia que presento secuelas de abuso psicológico postraumático. En las sesiones que he tenido con este psicólogo nuevo, se ha dado cuenta del daño.

A veces siento que necesito la ayuda de un profesional para ponerme más en contacto con mis sentimientos, porque siento que quizá opto por no dejarlos salir. Sí siento coraje y dolor, pero no los saco; como que tengo tantas ganas de vivir que no me permito experimentar lo que es el dolor; ésa es mi percepción. Tal vez con el apoyo de alguien calificado afloren esos sentimientos.

Ahora, déjame contarte: en una entrevista de radio conocí a un criminólogo llamado Sergio Jaubert, quien ha resuelto más de 30 mil casos y fue el iniciador del retrato hablado. Él, que es tan buen fisonomista, se acercó y me dijo: "Tú eres una chava muy perceptiva, eres vidente, eres bruja, tienes los ojos de una hechicera natural, sueñas y presientes lo que te pasa, puedes adivinar el futuro". Y sí, eso me atrae mucho; muchas veces sueño y tengo fuertes presentimientos de ciertas situaciones. En el programa *Duro y directo* salió este señor, que vio mi rostro y, según la gente del programa, dijo que era una mentirosa, intrigante y otras cosas feas. Pero, una vez más, como hicieron con tantas otras personas, me enteré de que él no dijo eso y que en la entrevista distorsionaron sus palabras; la editaron a su manera, como lo hicieron con la mía, en la que tergiversaron todas mis declaraciones. Ahora sí, todo lo que dije fue usado en mi contra.

Actualmente estoy tomando un curso con él, llamado "Fisonomismo", para conocer a las personas por sus rasgos físicos; por medio de ellos puedes saber si alguien es un criminal, si es bueno o malo, si es de fiar, si es celoso o mentiroso; si le puedes pedir dinero prestado; si es sentimental o agresivo.

Lo que voy aprendiendo me parece muy interesante y espero encontrar respuesta a algunas cosas extrañas que suelen sucederme. Por ejemplo, en mi cuarto tengo un equipo de sonido y arriba de él un mueble donde guardo los discos compactos; pues ya van unas tres o cuatro veces que, cuando me acerco, se sale un compacto y cae al piso. Hoy, al ir pasando por el pasillo, cayó un libro. Tal vez sea la energía que irradio, pues ya sabes que todos tenemos nuestra propia energía. Total, que en vez de que esto que me pasa me asuste y me haga exclamar: "¡Qué horror!", me encanta. Con decirte que, aunque no sé ni cómo aprendí a hacerlo, leo la mano. Cuando hace poco le leí la mano a un señor, yo misma no creía lo que le estaba diciendo y él estaba en verdad sorprendido porque era verdad.

Como dice Sergio Jaubert, qué triste sería si nada más fuéramos huesos, cabellos, dientes, carne, sangre. Somos mucho más que eso. Somos una energía que nos mueve, que hace que nuestro organismo funcione, que pensemos y sintamos. Que todo lo que no se puede ver es mágico y todas las personas tenemos ese tipo de don, sólo que unos lo desarrollamos más que otros. A mi futuro representante, por ejemplo, le leí la mano y las cosas que le dije resultaron ciertas. En varias ocasiones en que me han leído las cartas me han dicho que yo tengo ese don y debería desarrollarlo, que incluso tengo poder curativo en las manos. ¿Te has fijado en que hablo mucho de los ángeles, de Dios y de la buena vibra? Pues eso es lo que yo siento y coincido con este señor, quien afirma que existen los duendes, las hadas y los brujos; me ha enseñado fotos de todo eso y le voy a pedir que escriba algo para este libro.

Para mí sería emocionante que me hiciera un retrato, no físico, sino de lo que él ve en mí, incluso de lo que vio cuando lo entrevistaron para *Duro y directo* y que distorsionaron en el programa.

En fin, para esto de las cartas no se necesita ser tan buena, sino interpretar bien lo que ves. Las cartas casi no te hablan del futuro, en todo caso, de un futuro muy cercano (semanas o meses); cuando algo está ya marcado en tu destino, aparece porque aparece. Esta señora de la radio fue la cuarta persona que me dijo que en abril voy estar hablando de matrimonio con un hombre que viene de fuera y que mi éxito viene de la mano con mi matrimonio. Todas dicen que es alguien que tiene que ver con mi trabajo y me va ayudar con éste, que voy a tener una hija y otras cosas que se oyen interesantes.

Pero creo que ya me fui por otro lado. Volvamos al asunto de Sergio, de dónde puede estar. Con todo esto que se ha suscitado de pronto (lo de Karina y tantas otras chicas que ya declararon confirmando lo que yo he venido declarando desde hace más de un año), hay un sinfín de hipótesis y rumores al respecto. En estos casos no se pueden evitar las especulaciones que sirven para ofrecer noticias al público.

Algunos de sus vecinos de la colonia Prado Churubusco aseguran haberlo visto con Gloria en su casa de Osa Menor y Scorpio, la cual vino a vender junto con otras propiedades, para ausentarse hasta que se calmen las aguas. Dicen que cambió su "look", pues pesa como 120 kilos y se dejó crecer el pelo y la barba, que no se le ve enfermo ni preocupado porque hasta sale a tomar el sol como si nada.

De ser cierto esto, sólo nos queda pensar que alguien lo está protegiendo, pues él sigue tan tranquilo, ¿no crees? Puede ser que hasta lo del cáncer sea puro cuento, como parte de una historia que ellos han inventado sabrá Dios con qué fines.

Por su parte, las autoridades españolas niegan que se les haya solicitado iniciar su búsqueda y la de Gloria (y quien sea que los acompañe) y no pueden asegurar que se encuentren en su país.

En otras noticias se afirma que fueron vistos a principios de abril en Viña del Mar, el famoso balneario chileno, pero en realidad no se ha podido confirmar su entrada ni su estancia en ese país. Mi abogado fue avisado por una persona —chilena, por cierto— que conoce del asunto, que los buscara en Viña del Mar. Algunos testigos que han comparecido aquí en México sostienen que Sergio y Gloria dijeron que se iban a Santiago de Chile o al balneario de Viña del Mar. Pero también llegaron a la oficina del abogado informes de que se les vio en Pachuca, Michoacán, Ixtapa y hasta en Los Ángeles.

¿A quién creerle? Yo no me imagino dónde puedan estar, pero seguro que es en un lugar donde se sientan a salvo, donde nuestra justicia no pueda llegar con facilidad o, si llega, no les preocupa demasiado. No sé qué piensen hacer, pues no pueden estar huyendo toda su vida.

Ojalá sepamos pronto si van a responder a las denuncias que tienen en su contra o si van a seguir como las avestruces, con la cabeza enterrada en la arena.

¿Te cuento algo? Una amiga me contó que la semana pasada vio a Sergio, muy gordo y barbón, hablando por teléfono celular, afuera de una de sus casas aquí en el Distrito Federal que tenía un letrero de SE VENDE.

10. Gloria Trevi: ¿la gran víctima?

Muchos dicen que es víctima,
muchos, que es cómplice.
Contra ella no tengo nada,
aunque la gente no lo haya visto así.

Ya hablé de Sergio. Ahora quiero hablar un poco de Gloria, de quien tengo recuerdos ambivalentes. Por ejemplo, una vez estábamos los tres en la oficina y Gloria le dijo a Sergio que si a poco no tenía yo cara de camellito. Unos días después Sergio mandó poner en el periódico "Se vende camello dromedario" y lo más impresionante es que llegaron a hablar dos personas a preguntar por el camello. Así como había momentos feos, sí llegaron a haber algunos pocos de diversión. De hecho, en el segundo y tercer disco de Gloria, en sus agradecimientos incluye al camello, por su apoyo psicológico y por hacernos reír, y ésa era yo.

Sus tendencias suicidas

Gloria era muy depresiva, es muy depresiva. Recuerdo el día que tuvimos un accidente de coche y nos salimos de la carretera. Mary gritaba: "¡Cuidado, Sergio, cuidado, Sergio!", mientras que Gloria decía: "¡Dios mío, gracias, Dios mío, gracias!" Yo, por mi parte, vivía como una irrealidad, no tenía conciencia de la vida ni de las cosas, así que me limité a escucharlas. Todo me daba igual: si me moría, pues ya ni modo, y si vivía, pues ya ni modo.

Hace rato me llamó de Monterrey un chavo que tiene un club de *fans* de Gloria para decirme que quieren hablar conmigo él y los integrantes del club para que yo les diga cómo ayudar a Gloria para separarla de Sergio, porque la vieron la última vez que estuvo en Monterrey. Me dijo que están realmente preocupados pues creen que está muy mal y que Sergio la tiene amenazada. Me dieron las gracias por haberles abierto los ojos y que mi libro les vino a confirmar muchas sospechas que tenían sobre ambos. Así como ellos, ha habido otros clubs de *fans* de Gloria que, en vez de darme la espalda, están de mi parte para seguir adelante con lo que siempre he dicho que es mi meta: liberar a Gloria y a las otras chicas de las garras de Andrade.

Por fortuna, mi vida con ellos quedó en el pasado; hoy quiero compartir contigo lo que pienso de Gloria después de toda esta andanada de dimes y diretes de los medios, de familiares y nosotras mismas. Todos, todos, me cuestionan: ¿dónde está Gloria Trevi? ¿Por qué no se sabe nada de ella, incluso ahora, cuando afirma que Sergio Andrade ya no es su representante? ¿Qué pasó con todos los planes artísticos que tenía? ¿No será que le sucedió algo malo?

Muchas veces he pensado en cómo ha manejado ella este asunto y, ¿qué te puedo decir? Por supuesto que creo que sigue manipulada por Sergio, aunque ella diga que ya no la representa. En todas las publicaciones salió defendiéndolo a capa y espada, diciendo que el 99.9 por ciento de mi libro era mentira. ¿Será que no se mira al espejo y no se da cuenta de la realidad? ¿Será que no ve las grabaciones de sus entrevistas y escucha la cantidad de tonterías que dice? Se nota con claridad que alguien le dijo en detalle lo que tenía que contestar. Parece que trae un apuntador, porque siempre responde lo mismo, evade todas las preguntas, se hace la mensa y llora. Se presenta vestida de blanco y sentada en flor de loto, ¡caray! Pobre chava, se las ha de estar viendo negras, pero mira, dicen que el que por su gusto muere…

Por mi parte, yo no la odio ni le guardo rencor. Me encantaría en verdad que tuviera la fuerza, el valor, el carácter, el coraje o lo que sea, de rebelarse ante él y, no sé, que supiera qué es la felicidad, qué se siente cuando un hombre te corteja, te consiente, te apapacha y te mima. Me gustaría que supiera lo que es salir a bailar, que un chavo vaya por ti, lo que es irte de vacaciones con tus amigas, como yo, que ahora estoy organizando todo para mis vacaciones de Semana Santa. Lo que es, en fin, llevar una vida normal. Eso es lo que yo deseo para ella, y creo que no es mucho pedir.

Tampoco es mucho pedir a su familia que la apoye, pero de buena manera. Porque la familia no ha hecho nada, aunque yo sé que su mamá debe saber que yo digo la verdad y no puede ser tan mala madre como para permitir que su hija siga ahí. Que haga algo; si tanto poder y tanto dinero tiene, que haga algo; si tiene tanto carácter como el que dice tener, pues no se nota.

Y mira cómo son las cosas. Me fui de vacaciones y, a mi regreso, me entero de que sucedió algo inesperado, que nos sacudió a todos. Los últimos acontecimientos en torno a Gloria, publicados en todos los medios de comunicación, la ponen de nuevo en el banquillo de los acusados: una demanda directa de una respetable familia de Chihuahua la señala como corruptora de menores.

Por todo lo que se ha dado a conocer, y lo que sé por el propio abogado de la familia Yapor Gómez, Gloria Trevi es ahora buscada por la Procuraduría de Justicia del Estado de Chihuahua. La familia la denunció por corrupción de menores en agravio de su hija Karina Alejandra, que tiene ahora 16 (o 17) años.

Se oye muy grave esa acusación, y ahora también es contra ella y no sólo contra Sergio Andrade. Según lo que informan los padres, Karina fue reclutada por Gloria cuando la niña tenía 12 años, para ser artista y todo el rollo con Sergio; todos sabemos cómo operan esos dos. Lo terrible del caso es que después de cinco años se supo que la chica tuvo un bebé que dejaron abandonado en España, de donde le avisaron a su familia. Eso fue lo que hizo explotar la bomba.

La familia se enteró por el consulado mexicano en Madrid; a ellos les avisaron que en una casa de cuna estaba un bebé que fue internado por anemia en un hospital y que como nadie lo recogió, lo llevaron ahí. El niño aparecía en el registro como hijo de Karina. De todo este asunto te hablaré en otro capítulo.

Por mi parte, y por lo que te he contado de mi vida, creo que ya me conoces un poco y te habrás dado cuenta de que ya no soy la niña inocente que se dejó engañar por sus deseos de triunfar en la carrera artística. Sé ahora que no es fácil lograrlo y que hay que tener mucha disciplina, perseverancia y responsabilidad para llegar a ser alguien en este medio.

Pero las cosas no terminan ahí, pues si logras el éxito, hay que luchar por conservarlo y mantenerte en el gusto del público. Yo apenas estoy empezando a ganarme un incipiente lugar como cantante y conductora y en un futuro, tal vez, como actriz. Sin embargo, a pesar de que mi experiencia es corta, conozco lo que es la responsabilidad ante la gente que te da la oportunidad y te apoya en tu trabajo, pero más que nada, el compromiso ante tus seguidores.

A menudo reflexiono en esto y me gusta cumplir y hacer bien las cosas. En parte, pero con métodos muy crueles, es lo que Sergio Andrade pretende incluir en sus representadas. Cuando los padres, confiados en su honorabilidad, ponen en sus manos a sus hijas, jamás imaginan que lo mucho o poco que ellas puedan aprender les costará un sinnúmero de maltratos físicos y mentales. Algunas llegan a ser unas profesionales como Gloria Trevi o Crystal, pero de la primera ya sabemos lo que ha sufrido y de la segunda tal vez muy pronto lo sepamos.

Al leer la sección de espectáculos de un periódico me enteré de algo que vino a reafirmar mis convicciones sobre el trabajo: "Se hunde la Trevi. Podría enfrentar demandas legales por incumplir contratos".

La noticia en sí era sobre una serie de posibles demandas por incumplimiento de contratos, lo cual no sería nada raro. Hay compañías muy importantes involucradas con Gloria, entre ellas BMG Ariola, con la que debió grabar un disco el año pasado, y Televisa, con la cual no sé qué tipo de compromisos tenga, debido a las distintas informaciones que surgieron en su momento. Las pérdidas económicas pueden ser muy importantes y la imagen de Gloria está siendo seriamente afectada.

Yo me pregunto: ¿dónde quedó el profesionalismo que Sergio siempre le exigió? ¿Ya no le importa su carrera? ¿Permitirá Andrade que se le vaya tanto dinero de las manos? Todo es un enigma y sus problemas son como una bola de nieve que cada día se hace más grande y no se detiene en su caída.

De hecho, de manera formal no se ha sabido de ninguna demanda legal de estas u otras empresas con las cuales tienen relaciones de trabajo, pero, repito, no sería difícil que en cualquier momento esa amenaza se convierta en realidad. Lo siento por ella, porque es difícil todo lo que tiene que enfrentar, y más vale que empiece pronto, antes de que las cosas no tengan remedio.

Yo estoy aprendiendo de todo esto y espero que lo hagan otras chicas que van empezando. Si te comprometes a algo, tienes que cumplir, de lo contrario se te cierran todas las puertas, ya que se ven afectados muchos intereses. No te vaya a pasar como dice la canción, que puede ser "debut y despedida". Creo también que algunas figuras famosas están pensando en las graves consecuencias que pueden llegar a tener las broncas personales en una carrera artística de éxito. Pero así son las cosas, ¿no?, todo cae por su propio peso.

Yo hago todo lo posible por que lo de Sergio y Gloria —y ahora lo de Karina— no me distraiga de mis obligaciones actuales. Vivo queriendo ganarle tiempo al tiempo para cumplir con todo y con todos. Mi preocupación inmediata es el lanzamiento de mi disco y ya estoy promocionándolo, pues mi anhelo es que el público quede contento con mi trabajo y desee seguir escuchándome y viéndome en televisión.

A propósito de televisión, hace poco fui invitada a viajar a Santiago de Chile, a una entrevista sobre toda esta situación relacionada con Sergio y Gloria.

Se empezó a hablar mucho de que Gloria estaba en Chile, pero fue una confusión de los medios porque yo dije que iba a Chile a unas entrevistas por mi libro y pensaron que era Gloria la que estaría ahí. Estuve en un programa que se llama *De pe a pa*, en donde hablé de mi primer libro y cerré cantando una de las canciones de mi disco.

Hablé también de este nuevo libro y de cómo superar la adversidad, de ese proceso que uno tiene que vivir para volver a amar y a valorarse como ser humano.

Al finalizar el programa, me dijeron que me estaban esperando unos chicos que tenían un club de fans de Gloria ahí en Chile y sentí muy bonito al comprobar que la gente que por defenderla podría ponerse en contra mía, me apoya. Porque éstos, al igual que los otros *fans*, me dijeron que ellos también sabían muchas cosas acerca de Andrade y de Gloria. Que una amiga suya argentina, que de hecho salió en el calendario 1996 de las chicas de la prepa, y desde 1997 ya no estaba con ellos, les había pasado datos interesantes. Pero que no quería hablar ni hacer pública su declaración porque se acaba de casar y tiene un bebé de un mes. No me dieron su teléfono pues ella tiene mucho miedo de que Sergio le haga algo si da información, pero los chavos le iban a dar mis datos para que me llamara.

Mi aparición en el programa de televisión local causó un gran impacto. Me admiré de que mucha gente ya sabía de mí y esperaba mis comentarios con gran expectación. Una de las cosas que les dije con respecto a todo lo que ha pasado es que aprendí que no tengo que hacer sacrificios para ganar el cariño de un hombre.

Como verás, mi visita a Chile fue, además de divertida, productiva. Estoy conociendo los alcances de Sergio y Gloria: es increíble que hasta ahí llegaron a querer conseguir chavitas para llevárselas, y no dudo que así fuera en cada país que visitaban.

Di varias entrevistas a periódicos y espero que cuando regrese sea para cantar, no para hablar de

Gloria y Sergio. Algunos periodistas me dijeron que si mi disco llega a Chile y gusta, el año próximo podría estar en Viña del Mar. ¡Imagínate!, es algo que me encantaría hacer, no ahora, sino desde siempre.

Ahora bien, Andrade y su clan andaban por Madrid y yo, pues parece que los estoy persiguiendo: una persona que maneja artistas consiguió varias entrevistas para mí en Madrid. Traté de conocer los lugares en los que estuvieron viviendo Sergio y Gloria y las demás y de seguir investigando su paradero, sólo que no es tarea fácil.

Cómo son las casualidades, ¿no? Se decía que estaban en Chile y a mí me invitan a una entrevista allí; se decía que estaban en España y para allá voy. Yo pensé: ¿y si me los encuentro? ¿Qué harían ellos y qué haría yo?

Creo que eso lo veremos cuando suceda en realidad; por el momento, Dios no ha querido que esto suceda, pero ya llegará el día. Quizá estén en algún punto remoto del planeta o... más cerca de lo que nos imaginamos. Sólo el tiempo podrá aclarar esa duda que albergan tantas personas. Yo ya no quiero atormentarme, prefiero vivir el presente a plenitud y esperar el día y la hora en que se haga justicia.

Me encantó España, aunque sólo conocí Madrid y Toledo, creo que me gustaría vivir en un país tan hermoso como ése.

Aline, la Gloria por el Infierno me ha abierto las puertas de otros países y eso me hace muy feliz, porque una de las cosas que más disfruto en la vida es viajar. Ya visité varios lugares de América gracias a la que considero mi primera obra, ojalá que la segunda me deje también tantas satisfacciones.

Mi estancia en España fue muy agradable porque, aunque fui en plan de trabajo, en verdad me divertí. El motivo de mi viaje fue presentarme a varias entrevistas, entre ellas, a tres periódicos, una revista y una grabación de un programa de radio. No hice televisión porque el caso ahí no es tan fuerte ni es tan conocido como aquí en México o en otras partes del continente. Las preguntas estuvieron más que nada relacionadas con mi libro y con la forma en que se está manejando todo este asunto en México.

Pude enterarme, por medio de los mismos periodistas, de que, en efecto, se presume que Sergio y su séquito continúan en España, aunque se ignora su paradero exacto.

Como lo haría cualquier muchacha de mi edad, aproveché la ocasión para quedarme unos días más, ya que un gran amigo mío mexicano vive en Madrid desde hace tiempo y quise saludarlo; se llama Eduardo y cuando le hablé por teléfono le dio mucho gusto saber que estaba yo ahí. Paseamos y nos divertimos de lo lindo; el reventón por allá está muy bien. Llegué "muerta" pero muy contenta. Conocí a otros muchachos mexicanos que viven allá porque están estudiando o trabajando y también conocí a gente muy linda de Madrid y de Austria.

Hice muy buenas amistades, al igual que en otros lugares que he visitado, por ejemplo: en Chile, Sebastián, Paulo y Julio César; en Puerto Rico, Mónica Vicens y Carlos Matos; en Miami, Fernando y José. En Los Ángeles tengo a mi querida amiga y psicóloga Verónica Macías, a mi tía Martha y a mi primo David, entre otros.

Espero que mis nuevos amigos sean para toda la vida, pues así es como concibo yo la amistad, no nada más para un rato o para pasarla bien, sino como un lazo que me une con otras personas con las que me identifico y puedo compartir mis buenos y mis malos momentos. Del mismo modo, ellos podrán contar conmigo en el momento en que me necesiten. Eso mismo hubiera querido decirle a Gloria si me hubiera dado la oportunidad, pero ahora creo que ya es demasiado tarde.

Con todo esto que ha pasado, pienso que a ella le queda una única salida, la cual la salvaría de la cárcel, del desprestigio, y podría ayudarla a reanudar su carrera artística: decir toda la verdad, así, con los pantalones bien puestos, imagen que siempre ha dado.

Corrió como un reguero de pólvora la "noticia" de que envió a la Procuraduría General de Justicia del Distrito Federal una carta desde un lugar desconocido en la que rechazó las acusaciones de privación de la libertad y corrupción de menores y solicitó el "no ejercicio de la acción penal".

No es tan difícil deslindarse de su relación con esos delitos y miente Gloria cuando afirma que ignora los hechos que se han denunciado. Se dice que tiene como veinte abogados trabajando en su caso, pero si fueran inocentes ella y Sergio, ni eso sería necesario. Además, no se ha visto nada de supuesta defensa.

Al enterarse el abogado de la familia de Karina, desmintió esta noticia y aseguró que Gloria no había declarado absolutamente nada ni se tenían noticias de ella ni de sus abogados.

Mi abogado investigó también y resultó que dicha declaración es vieja, pues se trata de la carta que envió Gloria cuando fue requerida por las autoridades hace meses, en la que señaló como "temeraria, infundada y falaz" mi denuncia.

La presión por parte de los medios y de la justicia es mucha y no podrá seguir aislándose en ese pequeño grupo enfermo y hundiéndose cada vez más en el lodo. Gloria es inteligente y en algún momento tiene que hacer uso de su inteligencia para salir a flote.

11. ¡Mi disco! ¡Sí se puede!

¡Claro que se puede!
Si tienes un sueño,
tú puedes lograr
que se haga realidad.

¡Claro que se puede! Siempre he creído ciegamente que cuando uno se propone algo en la vida y lo desea con todo el corazón, lo logra. Y eso es lo que me está pasando a mí. Me siento muy feliz, muy realizada en muchos aspectos de mi vida. Ahora todo me está saliendo bien y, ¿sabes por qué? Porque lo que hago lo que hago con el alma, con todas mis ganas.

Mi disco es algo que siempre he deseado. Casi te podría decir que así fue ¡desde que nací!… A pesar de que ya había sacado uno antes, a los 15 años, llamado "Chicas feas" y que la verdad funcionó bien, aunque sólo fuera por un tiempo (Sergio pidió mi cara de retiro a los ocho meses de su lanzamiento), pues la verdad ni lo disfruté. Fue sólo una probadita.

Pero ahora ya no existe nadie que me lo pueda impedir ni acabar con el gusto de que me realice como profesional, como cantante que soy. En una entrevista reciente, cuando mencioné que ya iba a salir mi disco, me dijeron: "¡Ay, ya cantas!" ¡Pues claro! No entiendo a las personas que me entrevistan y que ni siquiera están bien enteradas de lo que me pasó y de por qué fui a caer con Andrade. Me parece poco profesional; por lo menos que lean el prólogo de mi libro, ¿verdad? Pero bueno...

Quiero contarte que a últimas fechas vivo aferrada a unos aparatos que nunca pensé fueran tan útiles: el celular y el radiolocalizador, a través de los cuales puedo solucionar muchos de los asuntos pendientes. Por eso ahora, después de un ensayo, puedo darme un respiro y hablarte más de mi disco, de cómo va todo el proceso, para que te enteres de algunos aspectos de la producción que creo te interesarán.

Este disco es un vivo ejemplo de que querer es poder y en definitiva, como dice Paulo Coelho en el libro *El Alquimista*: cuando quieres algo con tantas ganas, ¡todo el universo conspira para que se te realice!

Vivo ahora una etapa muy importante porque ¡al fin! estoy haciendo lo que quiero: *mi disco*. Además, éste tiene sus anécdotas. Fíjate que desde hace dos años y medio, Carlos Calva, el productor, me decía: "Vamos a hacer algo, Aline, vamos a hacer unos *demos* para llevarlos a una disquera". Total, que yo no hacía caso y le daba el "avión". Hasta que un día me convencí y fui a su estudio a escuchar unos temas que tenía y, en serio, me quedé "de a seis": eran realmente buenos, lo mismo que los arreglos.

Pero en esa época había un pequeño problema: ninguno de los dos tenía dinero y todo se quedó en el olvido. Yo estaba en la novela *Al norte del corazón* y terminando me llamaron para conducir el programa *Corazón grupero*. Mientras tanto, salió mi libro a la venta y no tenía nada de tiempo para dedicarle a un disco ni para conseguir una disquera.

En una ocasión, alguien me dijo: "Yo te financio el disco" (es decir, que invertiría el dinero necesario) y, pues, imagina lo feliz que me sentí. Pensé: "Éste sí es un amigo" Pero cuando empezamos a tener uno que otro problemilla, precisamente por el dinero y otros detalles, me di cuenta de que la amistad y los negocios no se llevan. Hablé con él y le dije que prefería conservar nuestra amistad que un negocio que apenas empezábamos y por el cual ya teníamos dificultades.

Carlos y yo ya no sabíamos qué hacer: nos quedamos embarcados, con el estudio reservado y todo. Lo bueno es que ya se acercaba el día en que mi editorial tenía que pagarme y ese dinero podía servirme para pagarle a mi amigo las cintas y casetes que ya había comprado. No obstante, me negaba a usar ese dinero para la producción porque, de hacerlo, no tendría con qué pagar a mis abogados, a mi representante y a mi contador (para vivir tendría que usar lo que ganaba con mi programa). Hablé con los abogados y con mi mánager para explicarles todo. Entendieron súper bien y me dijeron que no me preocupara, que luego les pagara. Así fue como pude hacer el disco.

Mi productor y yo ya teníamos algunos temas seleccionados y seguíamos buscando. Ya faltaban pocos días para entrar a grabar, en los estudios de Sony (México) y en los de Marco Antonio Solís. Carlos consiguió a los músicos y yo, de hecho, me dediqué a componer, a aportar la idea y a cantar. Se siente bien bonito tener una responsabilidad de ésas, porque es tu producto, son tus canciones, tu voz.

Como no teníamos disquera, no había nadie que nos limitara, que nos impidiera hacer lo que queríamos. Entonces, las canciones fueron las que nosotros elegimos, los músicos los que nosotros elegimos, y así por el estilo. Eso es muy cómodo porque estoy harta de la gente que te impone su voluntad y que te fuerza a hacer lo que ellos quieren. Éste no fue mi caso; nosotros nos la jugamos, arriesgamos muchas cosas, pero teníamos fe en que estábamos haciendo un buen trabajo y que no faltaría una disquera que se interesara en el producto.

Un día, en el elevador de TV Azteca me topé con Hugo Gutiérrez, un productor colombiano que unos meses antes me había llamado para hacer algo con Azteca Music, a lo que yo, por falta de tiempo y de cabeza (acababa de salir el libro), no le presté la debida atención. Cuando lo vi, acababa de terminar mi producción y le dije: "Hugo, ya tengo el disco, quiero que lo escuches". Al día siguiente fuimos al estudio y le gustó mucho. Una semana después, al regresar de un viaje, me llamó para decirme que querían el producto. Yo salté de la felicidad porque, la verdad, pensé que me costaría más trabajo conseguir una disquera. Y así empezó una nueva y bonita etapa de mi vida.

Algunas personas me dicen que debí haber considerado otras opciones, pero tengo que ser agradecida porque, si Televisión Azteca me abrió las puertas y me ha dado todo el apoyo, entonces, ¿qué mejor que una disquera perteneciente al grupo? Además, Azteca Music cuenta con todo el apoyo de una televisora.

A los ejecutivos les gustó mucho mi producto, mi proyecto, mi idea. Yo creé mi imagen y el concepto, y hasta ahora no me han rechazado nada. La imagen que quiero manejar es juvenil, sencilla, casual, campirana, nada exagerada ni vulgar, pero también coquetona. Todos en la disquera me dicen que tienen mucha fe en mí, lo cual me hace sentir segura y contenta; yo percibo que es cierto, porque veo los deseos de la gente de hacer todo bien, y eso se transmite.

Ahora ya tengo músicos y estamos montando la presentación del disco, que será en mayo. Los músicos son, de hecho, los mismos que tocaron en mi disco y son excelentes: David Corral, Willian Valdés, Heriberto, de los hermanos Carrión, César, el saxofonista, que fue esposo de Lupita D'Alessio, Carlos Calva, quien también produjo el disco, Emmanuel, que hizo las secuencias y Beto en la batería.

Estoy ensayando con los bailarines, que, más que mis bailarines, son mis amigos. Son cuatro y yo; dos chavas (mi hermana Yoyo y Edna, una amiga de hace mucho tiempo) y dos chavos (Coco, el novio de mi hermana, y Rafa, un amigo del alma); de vez en cuando bailan también Maru y Micro. Pero no creas que yo los puse a bailar; ellos están en esto y casualmente se dio la oportunidad de que pudieran trabajar conmigo.

En total, mi grupo consta de siete músicos, dos coristas, cuatro bailarines y yo, así que no es algo improvisado; por eso ando siempre ocupada y corriendo, jaloneando y ensayando. Yo soy perfeccionista y muy crítica conmigo misma, me encanta que todo esté perfecto y si algo no sale bien, me enojo.

Estamos ensayando todas las canciones, no cinco sino once, es decir, todas las del disco; también trabajamos en la preparación del espectáculo: qué te vas a poner, cuál va a ser la entrada, el *performance*, qué vas a dar y en dónde lo vas a hacer. Aunque tenga una disquera y un apoyo, a mí me encanta hacer todo; disfruto aportando ideas y diciendo: "Me late esto y esto otro y ustedes cómo ven", en vez de sentarme en mis laureles y ver que ellos trabajen. Yo creo que éste es un equipo y todos tenemos que colaborar; además, a mí es a la que más le interesa y por eso le echo ganas.

Son tantas cosas a la vez: el disco, la fundación, la denuncia contra Sergio (que es algo que empecé y siento que debo llevar a buen término) y las consecuentes visitas al psicólogo, la demanda de los Leija y este nuevo libro; estoy muy presionada y a veces pienso que me voy a volver loca. Pero, a la vez, todo representa para mí un gran estímulo. Siento que estoy viva, que respiro, que puedo contemplar el futuro con optimismo. Es como un doble triunfo para mí, después de todo lo que ha pasado. Lo único que lamento de todas mis ocupaciones es que no tengo tiempo para el amor ni para nada.

Claro que no es nada radical; tengo muchas amigas y pasa algo muy chistoso: acabamos de hacer un club de solteras porque mis mejores amigas terminaron recientemente con sus novios, una antes que la otra, pero en la misma temporada. Has de saber que andamos para arriba y para abajo y todas trabajamos en televisión: Liza en *Jeopardy* como modelo, Adriana es la hermana de Rosalinda en la novela de Thalía, Patricia está en el grupo Mestizo, y yo; como las cuatro nos desenvolvemos en el mismo ambiente, nos entendemos y nos llevamos increíblemente bien. Decimos que somos las cuatro jóvenes brujas de la película, matamos todo el tiempo juntas; no sé de qué hablamos tanto, pero lo hacemos todo el día, sin parar. Me distraigo con ellas, salimos, echamos relajo, hablamos de chavos, "recortamos" o nos acabamos a los ex novios; en una palabra, nos olvidamos de nuestros rollos. Tenemos algo así como un pacto de amistad, un tanto cursi si tú quieres, pero bonito. Cuando no estoy con ellas, estoy con los chavos con los que bailo, con quienes me llevo de maravilla, río y la paso bien todo el día; que te dan de besos y, aunque son coquetones, saben hasta dónde.

Es difícil tener amigos en estos tiempos y en este medio, y yo los tengo, tal vez porque soy buena amiga: sé ser discreta y dar; además de bruja, mis amigos me dicen que soy la mamá, porque soy la más centrada y ubicada (y la mayor, excepto Rafa, que tiene 25). Me da gusto que me llamen para pedirme consejos y que los sigan. De repente me hablan y me dicen: "A ver, Aline, tú que tienes una respuesta para todo, ayúdame, aconséjame". Patricia, que es venezolana, me dice: "Yo a ti te hago caso porque los consejos que me das, veo que tú misma los sigues, eres congruente". Eso me llena mucho; es estimulante que tus amigas te sigan, que seas un ejemplo para ellas y que te vean como a su mamá. A mí eso no me molesta, todo lo contrario, me llena de orgullo.

Además, les encanta mi disco y lo primero que hacen cuando se suben a mi camioneta es decirme: "Tu disco, amiga, tu disco" y lo sacan y lo ponen; se saben todas mis canciones. Como yo estoy ensayando tanto, a veces ya no lo quiero oír, pero no, ellas me hacen bajarlo de la camioneta y ponerlo en la casa. Y ahí me tienes oyéndome todo el santo día.

Hace poco viajé a Los Ángeles para comprar mi vestuario; un día, me llamaron por teléfono de México y estaban escuchando mi disco; yo sentí una gran emoción. Es sensacional que a tus amigas les guste lo que estás haciendo, tu música (porque, además, las canciones que más les gustan son las que yo compuse). Como te dije, Patricia está en Mestizo y yo no oigo mucho su disco porque no me identifico tanto con las canciones, aunque, claro, lo que ella hace sí me gusta mucho.

Me han preguntado que cómo funciona un contrato con una disquera. Bueno, pues, te firman y te dan un porcentaje por las ventas del disco. Eso es lo que tú ganas, un porcentaje de las ventas. El vestuario no te lo pagan. Cuando te mandan de promoción, la disquera paga tu viaje y tus viáticos. La empresa vive de las ventas del disco y la artista, de la venta de fechas, o sea, de lo que trabajes por fuera (en una fiesta, un palenque, un teatro, una tocada), no sólo de las ventas del disco.

Yo por ahora no he estado en palenques, he estado en presentaciones masivas con la revista de *Corazón grupero*, pero no son pagadas porque se trata de una promoción. Cuando mi disco salga y empiece a sonar el sencillo en la radio, espero que funcione muy bien y, con la ayuda de los representantes que voy a tener, que manejan también a Los Temerarios, comenzaré a trabajar en palenques.

Hace muy poco viajé a Los Ángeles a comprar el vestuario adecuado para la idea que traigo para mi disco, muy juvenil y campirana. Quiero usar mucha mezclilla y vestidos y faldas con botas vaqueras. Todas las chavas salen en pantalones de piel; el caso es darle algo de variación, no tengo que salir vestida de grupera a fuerza, debo tener un toque. Por ejemplo, ayer compré un video sobre la vida de Selena, uno nuevo. La admiro muchísimo y me identifico con ella. He visto su película mil veces y no es que la quiera imitar, simplemente la admiro, es alguien que murió de mi edad, en pleno éxito artístico. Qué lástima, ¿no crees?

En Los Ángeles me compré ropa y zapatos; es un vicio mío, a veces me autocalifico de compradora compulsiva. Ahora que me voy de vacaciones, estoy pensando en irme a una tienda de bikinis para ver qué me voy a llevar... y ya tengo bastantes.

Mi hermana Yoyo, que está junto a mí mientras escribo esto, insiste en que yo la cite:

Aline es muy buena onda. Una vez, un amigo suyo le pidió dinero para irse en camión a Tampico y ella le dijo: "Claro que sí, no hay problema; hoy por ti, mañana por mí". Sí, es gastalona, pero le gusta gastar en sus amigos.

Así es, no soy tacaña y me gusta hacer sentir bien a los demás, aunque, claro, no con todo el mundo soy así, sólo cuando percibo que la persona es sincera, honesta y buena gente. Pero si veo que alguien es malo, grosero, mal intencionado o envidioso, no soy capaz de entablar una relación cercana con esa persona.

12. El presente y el futuro de Aline

*Nadie puede saber qué le depara el futuro
pero si en tu presente sabes muy bien
lo que quieres, puedes forjarte el propio.*

Ojalá pudiera saber cuál será mi futuro, pero por lo pronto mi presente es muy bonito, porque he adquirido mucha seguridad en mí misma; ya no me dejo lastimar por nadie y me atrevo a decir las cosas que antes callaba. Vivo con mis padres y mi hermana, con mi abuelita y mi perro Terry, al cual adoro. Soy una chica normal, tengo amigos, tengo cuatro muy buenas amigas de las cuales ya te hablé; me divierto mucho y le saco todo el jugo a la vida. Si quiero ir a un reventón, voy; si quiero salir de viaje, puedo hacerlo; si se me antoja ir a comer a algún restaurante con mis amigas, lo hago y disfruto mucho su compañía; también, si me invita a salir un chavo, en mí está la decisión de decir sí o no.

Varios de mis amigos dicen que estoy un poco loca, pero loca consciente y a mí no me molesta que me digan esas cosas, porque sé que las dicen en el buen sentido de la palabra. La verdad es que soy una chava muy alegre y divertida, y no me gusta complicarme la existencia; me atrevo a hacer cosas raras y me encanta la aventura, aunque sé muy bien hasta dónde debo llegar. Soy una persona sana, no me gustan las drogas, por el contrario, es algo que nunca me ha llamado la atención.

Estoy iniciando una carrera como cantante, tengo un programa de televisión y una fundación, que significan para mí grandes responsabilidades. Sin embargo, hay momentos en que sí me entra la depresión, como cualquier otra persona; por ejemplo, el día de hoy, estaba escribiendo otro capítulo de este libro y me invadió un sentimiento muy raro, me desesperé y seguí escribiendo sobre lo mismo, sin poder avanzar, como que me bloqueé. Me di cuenta de que todavía traigo algo por dentro y que necesito sacarlo, sólo que cuando lo intento, me como las letras, me equivoco en las palabras, como si tuviera dislexia, y eso me preocupa. Confieso que hubo una etapa en la que quise tirar la toalla y decir: "Ya déjenme en paz". Sentí que eran demasiadas cosas las que se vinieron juntas, todo lo que sucedió con el libro, el escándalo cuando se supo la verdad.

Soy sincera cuando digo que jamás imaginé que iba a suceder todo lo que está sucediendo. Es muy cierto el dicho de que "Dios aprieta, pero no ahorca"; yo creo que Él se dio cuenta de mi desesperación al ver que no me creían y me atacaban y salió en mi rescate. Fue una etapa muy difícil en la que tuve que aguantar de todo: desconfianza, incredulidad, burlas, desprecio, calumnias y otras cosas muy duras. Pero, un año después de la publicación del libro, comenzaron a ocurrir otras cosas distintas: hubo nuevas declaraciones y denuncias en contra de Sergio Andrade y de su gente, salieron a la luz nuevos testimonios que confirmaron que yo estaba en lo cierto, tuve demostraciones de apoyo de diferentes sectores de la sociedad que hicieron que renaciera en mí la calma y volviera a sentir la paz interior que tanto necesitaba.

Como por el momento no ando con nadie, soy dueña total de mi tiempo, y trato de distribuirlo organizadamente entre mis actividades; pero siempre hay imprevistos, por ejemplo, el inesperado viaje que tuve que hacer a Chile por una invitación que recibí para hablar precisamente del libro. También he visitado por el mismo motivo Puerto Rico, Los Ángeles, Miami y muy pronto saldré para Madrid. Aunque no voy a hablar de temas agradables ni mucho menos, me siento halagada al ver que mis palabras son dignas de tomarse en cuenta, no sólo

158

en nuestro país, sino en otros países hermanos, que ven mi obra como algo positivo para la juventud. Me siento así porque, como ya he dicho en varias ocasiones, mi principal preocupación fue denunciar un hecho terrible y destructivo para nuestras jóvenes. Los países latinoamericanos compartimos muchos sentimientos que nos unen ante las adversidades.

Además de mis clases de canto, he estado tomando algunos cursos que me gustan y que no tienen nada que ver con mi carrera; se puede decir que son como mis pasatiempos, por ejemplo, mi curso de fisonomismo, en el que he aprendido mucho acerca de las actitudes del ser humano a través de su rostro. Me encantan las cosas esotéricas, por ejemplo, la lectura de las cartas, que me gustaría aprender a fondo. Como te dije ya, puedo leer la mano y, según la gente a la que se la he leído, creo que soy bastante atinada; claro, sólo lo hago en forma "lírica", ya que nunca he estudiado nada sobre eso.

Los pasatiempos son interesantes y nos mantienen entretenidos, al mismo tiempo que nos enseñan diferentes cosas. El hecho de que yo pueda leer la mano me ayuda a visualizar mi propio futuro, en el cual me veo como una persona activa y trabajadora, en busca de una vida mejor, tanto personal como artística; y también vislumbro mi deseo de que Gloria aparezca y se atreva a decir toda la verdad. Así como yo, muchísima gente tiene la misma expectativa y desea volver a depositar en ella su confianza y su cariño.

Pese a que no está presente para leerle la mano, ojalá que a Sergio lo internen en un hospital psiquiátrico. Mi esperanza es que deje que las chavitas regresen a sus casas y les dé una buena indemnización económica, para resarcir en una mínima parte todo el daño que les causó al apartarlas de sus familias y abusar de su inexperiencia. Ya sabemos que el dinero no es la felicidad, pero puede ser una ayuda para que rehagan su vida al lado de los suyos y puedan volver a la vida normal a la que toda joven tiene derecho.

Yo, por mi parte, anhelo llegar a tener hijos y formar una bonita familia; creo que, más que como hijos, los trataría como a unos amigos y les daría unos súper consejos para que sean buenas personas y triunfen en la vida. Sí los consentiría un poquito, pero también sería exigente con ellos, los haría luchones, para que sepan lo que cuesta ganarse el dinero y la comida.

La fundación

Una de las cosas más importantes que enlazan mi presente y mi futuro es el sueño que más que nunca deseo ver realizado: mi fundación, una fundación para ayudar a jovencitas que puedan estar pasando o haber pasado por circunstancias similares a las mías.

Ya he mencionado que dentro de mí ésa era una gran ilusión. Pero, ¿cómo llevarla a cabo? Por momentos no lo sabía bien; y aunque el concepto no estaba muy claro, de lo que sí estaba consciente era de este deseo, firme y decidido.

De pronto, con la ayuda de "mi equipo", la idea fue tomando forma: una fundación sería la mejor manera, una fundación en la que yo estuviera en contacto con jovencitas y les transmitiera mi sentir, mi manera de pensar, mis experiencias, mis consejos y sugerencias para resolver sus problemas.

El año pasado, el proyecto poco a poco fue cristalizando. La Fundación se llamará "Chicas de corazón digno con Aline" y se va a ocupar de la prevención de los abusos que puedan sufrir las adolescentes, ya sea abuso psicológico, físico, sexual o de otro tipo. Me está apoyando el DIF de Toluca (el organizador hablará con más detalle del motivo que lo movió a buscarme para ayudarle en este rollo). Aquí en el libro incluyo algunas fotos de lo que he ido a hacer a las escuelas secundarias de Toluca, en el Estado de México.

Pero no se va a llevar a cabo nada más allí; cuando esto crezca, primero Dios, nos vamos a empezar a mover a diferentes estados de la República. Yo voy a dedicar un tiempo para ir a las escuelas y otras actividades relacionadas. Por ejemplo, ahora vamos a iniciar una especie de correo en las escuelas que yo vaya a visitar; en cada una se pondrán buzones para que las chavas que quieran unirse a la Fundación me escriban. Yo me he comprometido, con la ayuda del DIF de Toluca, a contestar esas cartas.

La Fundación ya está dada de alta, y estamos haciendo programas para sondear de alguna manera a las chavitas. Se trabajará en escuelas rurales, preparatorias y secundarias, y el propósito es darles algún tipo de orientación. Yo no soy psicóloga, pero creo que siempre le hacen más caso a alguien joven, alguien con quien se puedan identificar, que a una psicóloga o una maestra, ¿no?

Tuvimos una reunión en una escuela, que resultó padrísima porque las muchachitas se iban soltando poco a poco y una decía: "No, pues a mí me pasa esto" y las otras ya como que se iban animando y para mí, compartir con ellas todo eso es maravilloso. De repente sí me saco de onda porque, por ejemplo, una chava nos empezó a echar un rollo de que ella y la comunicación con su mamá y que nunca la ha querido y cosas así. Yo digo: "Bueno, yo te puedo dar mi consejo como amiga, pero no te puedo decir exactamente qué hacer". Pero Josafat de Alba, que es psicólogo y es el que nos está apoyando en todo esto, "sale al quite" y me saca del aprieto por decirlo así. Estoy muy entusiasmada, motivada, es un proyecto en el que he soñado y que, si todo sale como esperamos, empezará a funcionar formalmente al darse de alta. Las personas con las que estoy trabajando me han dado mucho apoyo; son increíbles, súper sencillas, humildes y aprendo mucho de ellas. Estoy encantada.

En estos días se contrató una línea virtual y un apartado postal para que a las jóvenes no les dé pena comunicarse con nosotros y dejen su recado.

Estamos organizando una rueda de prensa para dar a conocer esta fundación a los medios.

Josafat, el psicólogo del DIF, sin quien esta fundación no existiría, ha sido tan amable como para escribir algo para este capítulo, cosa que le agradezco mucho.

¿Por qué pensé en Aline para la Fundación?

De repente, su mirada a través del aparato televisor capturó mi atención, invitándome a una retrospectiva de ocho años atrás cuando "La chica fea" inundaba con su voz la radio nacional. Saber que "La chica fea" había resucitado despertó un gran interés en mí.

De una u otra forma sabía de la perversa imagen que Sergio Andrade ocultaba, sabía mucho del compositor genio que acaparó la música de los ochenta; por eso no me sorprendieron las declaraciones, más que fuertes, reales, de Aline. En lo primero que pensé fue si no serían resultado de una mercadotecnia pre-fabricada. La duda prevaleció cuando intenté enta-blar comunicación con ella porque, en mi carácter de líder del Proyecto de Atención Integral a los Ado-lescentes del DIF Toluca, me interesaba sobremanera indagar sobre la anunciada intención de la cantante de empezar una fundación en pro de las mujeres ado-lescentes y ver si podíamos hacer algo en conjunto.

Digo que la duda prevaleció porque en primera instancia no hubo respuesta alguna a mi solicitud de entrevistarme con ella. Entonces pensé: "Para qué tanto bla, bla, bla y tanto show, para qué pre-gonar hasta el cansancio su deseo de servir a los demás, si no le interesa, no se digna siquiera a co-nocer una propuesta real que puede cubrir plena-mente sus expectativas". La verdad, me sentí de-cepcionado y di carpetazo al asunto; Aline era tema archivado. Nada pasó. Oh, desilusión. ¿Intentos? Uno o dos más, sin respuesta.

Cuando el asunto estaba ya olvidado, recibí una llamada telefónica hablando de una cita para co-nocernos. Esto volvió a revolucionar mi mente. Aline me dio una cachetada con guante blanco: la veía frente a mí; la escuchaba hablar con entusiasmo, la sentía comprometida, dispuesta, congruente. Y com-prendí que no sólo se podía, sino que se debía en-tretejer un sueño común para fortalecer la dignidad de quienes nos esperaban en el camino.

Todo andar se inicia con el primer paso. Ese primer paso se dio el 9 de octubre de 1998, ante más de un millar de personas que se congregaron, sí, a ver a la artista, pero también a escuchar y sentir a la mujer de 23 años que, con el corazón en los labios, les hablaba con sinceridad acerca de su pasado. Su intención no era despertar el morbo ni provocar lástima; más bien, era generar en ellas la esperanza de que todo puede cambiar, por muy difícil que haya sido nuestra historia.

Ése fue el arranque; el tren ya había emprendido el camino y por ningún motivo debía detenerse; había gente que ya lo esperaba en la próxima estación, en donde mujeres adolescentes, llenas de carencias económicas y afectivas, han encontrado en Aline no a una heroína, sino a una chica en verdad dispuesta a ser su amiga.

El lado tierno de un corazón digno

A casi un año de haber iniciado el contacto y haber dado los primeros pasos en el sueño más recurrente de Aline, convertido ahora en "Chicas de corazón digno", la tan mencionada y publicitada fundación, estratégicamente se ha querido mantenerla en el anonimato por respeto a todas las jovencitas que han depositado su confianza en un sueño que hoy es una tangible realidad.

"Chicas de corazón digno" es el conducto que la intérprete tiene para mirar de frente a miles de jóvenes adolescentes que van en busca de algo más trascendente que un autógrafo: coincidir en tiempo y espacio con la mujer sincera, sin caretas, sin poses, que se atreve a desnudar su alma y revivir experiencias que no dejan de ser traumáticas, y que pretende curar, en la medida en que las circunstancias se lo permitan, las heridas que muchas de ellas llevan tatuadas en el alma.

Hay algo en común entre las jóvenes que asisten a los encuentros con Aline, que es el factor sorpresa: la incredulidad y el asombro de tener a la artista de la televisión frente a ellas, porque Aline Hernández es una figura pública que cada día obtiene más fuerza y proyección. Y eso es inevitable; tiene ángel, carisma y disposición para hacer de cada encuentro una experiencia inolvidable.

Desde el inicio de la fundación se han efectuado ocho encuentros, denominados "Retratos", en Toluca, con la colaboración del DIF municipal. Estos magnos eventos han contado con la presencia de tres mil chicas aproximadamente, quienes se han sincerado solicitando apoyo moral y psicológico, especialmente las que han sido víctimas de algún tipo de agresión física o moral.

La suma de los momentos vividos, de los esfuerzos aplicados y de las lágrimas derramadas es el

motor que impulsa a esta fundación para tomar cada
día mayor fuerza y para navegar incluso contra co-
rriente, sobre todo porque la capitana de este barco
lo navega sin maquillaje, sin las luces de un esce-
nario, sin el libreto de una actuación; lo navega con
el lado tierno de un corazón digno, demostrando
que nunca es tarde para retroceder en el andar equi-
vocado y tomar el sendero apropiado que conduzca
a la felicidad.

Mis planes

Quiero seguir mi carrera como escritora, pero con
una novela o publicando algunos pensamientos como
los que leíste en este libro. Y si esta historia que viví
puede llevarse al cine, estaría muy contenta, aunque
te confieso que no me gustaría participar como actriz, porque el capítulo Andrade-Trevi lo quiero ir
dejando a un lado, aunque sé que va a ser muy difícil. Todo se lo dejo al tiempo y a Dios.

Espero que todos mis proyectos pendientes sean
exitosos, como mi fundación: que llegue en verdad
a ayudar a muchas adolescentes.

Que mi disco pueda hacer que muchas parejas se
enamoren y que los que estén peleados se reconci-
lien.

Que el mensaje de vivir en forma positiva que transmito en mis libros se ponga realmente en práctica por todos aquellos que los lean.

Que pueda ser reconocida como compositora. Me da gusto decirte que, en esta faceta, he tenido ya algunos logros. Por ejemplo, el próximo lanzamiento de Sony Music es una chavita que se llama Nina y en su disco incluyen una canción mía llamada "Y no lo quiero perder". Eduardo Posadas, que es un productor muy famoso y ha hecho a grandes artistas, como Sentidos Opuestos, Litzy, Kairo, Irán Castillo, etc., me está dando la oportunidad de meter rolas mías en sus futuras producciones.

En estos momentos ya estoy haciendo programas de televisión promoviendo mi disco y en una semana estaré viajando a provincia en plan promocional. Te juro que no me cae el veinte todavía, pero sí te digo algo: ¡estoy feliz!

13. ¡La bomba explotó de nuevo!

Las cosas siempre caen
por su propio peso
y yo sabía que esto pasaría
tarde o temprano.

El 6 de abril, los titulares de los principales periódicos de la tarde sorprendieron a todos los lectores, entre ellos a mí:

"Huye la Trevi. La buscan por corruptora de menores."

"La acusó la madre de una chica."

"Desde hace cinco años desapareció la presunta víctima."

Los periódicos de los siguientes días confirmaron la noticia:

"Acusan a Trevi de corrupción de menores."

"La involucran en una red de prostitución."

"Gloria Trevi y Sergio Andrade son buscados por unidad antisecuestros."

"No habrá influencia que salve a Sergio Andrade."

"Hundida. La Trevi tenía seis casas de seguridad.1"

La terrible historia de una niña de Chihuahua se había dado a conocer: una vez más, la maldad y la perversión cobraban una víctima, Karina Alejandra Yapor Gómez, a manos de Sergio Andrade y Gloria Trevi.

Los hechos que salieron a la luz no dejaron lugar a dudas. La verdad era brutal, pero, al fin y al cabo, no era más que eso, la verdad.

¿Cómo empezó todo? ¿Qué fue lo que hizo estallar la bomba? Se debió a una denuncia por corrupción de menores y los delitos que resulten, en contra de Gloria Trevi y su representante artístico Sergio Andrade, la cual fue presentada ante la Procuraduría General de Justicia de Chihuahua por la señora Teresita de Jesús Gómez de Yapor, mamá de Karina. La denuncia se hizo el 24 de marzo pasado por la desaparición de Karina, de 17 años, de quien no se tienen noticias desde el mes de enero.

En la denuncia quedó asentado que en 1994, cuando Karina tenía 12 años, audicionó ante Sergio y Gloria con el fin de convertirse en cantante. Sus padres dieron su autorización ante notario público de que la niña fuera manejada en el aspecto artístico por ambos y que estudiara en la escuela de música de Sergio. La niña se fue con la pareja y entró a formar parte de los coros de Gloria, aparentemente como parte de su preparación. Su familia sólo la ha visto seis veces desde entonces y su único contacto reciente ha sido por teléfono; pero esa comunicación también se perdió desde enero de este año, cuando Karina llamó a sus padres por última vez. Unos días después, la familia Yapor Gómez recibió una notificación de la Oficina de Asuntos Consulares de la Embajada de México en España, en la que se les informaba que el niño Francisco Ariel, nacido en Madrid en 1996 y registrado como hijo de Karina, había sido abandonado en esa ciudad.

El impacto para la familia fue tremendo. ¿De qué se trataba todo aquello? Les resultaba difícil creer que Karina hubiera tenido un hijo, que hubiera sido precisamente en España y que lo hubiera abandonado allí. ¿Qué clase de mentes macabras podrían estar detrás de todo esto? ¿Quién era el padre del niño? ¿Sería capaz Sergio Andrade de haber cometido un acto tan bajo? Las averiguaciones empezaron y la familia aportó todos los datos que pudieran ayudar a dar con el paradero de su hija.

Declararon que las pocas veces que vieron a Karina, ésta siempre fue acompañada de Gloria y Sergio o de Mary Boquitas, Marlene Calderón y Katya de la Cuesta. Dicen que nunca pudieron estar a solas con ella, que no la dejaban ni a la hora de dormir.

Karina Alejandra tenía dos grandes ilusiones desde pequeña: ser artista y conocer a Gloria Trevi, su ídolo. Parece que los malas jugadas de la vida le dieron la oportunidad: Gloria ofreció un concierto en la ciudad de Chihuahua en 1994 y Karina logró llegar hasta su camerino; así fue como se conocieron y quedó marcado el destino de la niña.

Tiempo después, Gloria regresó a Chihuahua y conoció a la familia Yapor Gómez. Con la simpatía que la caracteriza y su "bondad" convenció a los padres de que Karina tenía mucho talento y deberían darle la oportunidad de estudiar en México y comenzar su preparación para una brillante carrera artística.

Karina viajó con su madre a la ciudad de México; como requisito para que todo se realizara con la debida confianza, Gloria y Sergio pidieron que los esposos Yapor Gómez firmaran un documento ante notario público en el que autorizaron a Sergio y a Gloria a hacerse cargo de la educación de Karina. El permiso era válido sólo de noviembre de 1994 a mayo de 1995. Algunos de los puntos que se acordaron fueron que las comidas, estudios y viajes de la niña correrían a cargo de la empresa, con la condición de que, cuando Karina grabara algún disco, un porcentaje de las ganancias sería para Sergio Andrade.

La pregunta que acude a la mente cuando uno se entera de estas cosas, no se hizo esperar. Todo mundo cuestionó: "¿Cómo pueden unos padres dejar ir así a su hija?"

El abogado de los Yapor Gómez explica que sus clientes son personas buenas que pensaron que le hacían un bien a su hija, permitiéndole estudiar lo que quería y más aun, si era por medio de Gloria Trevi, ídolo de la niña. Su intención no fue otra que Karina realizara el gran sueño de su vida.

El encargado de llevar el caso de la familia Yapor Gómez es el licenciado Héctor Hugo Perea Arballo, quien tomó una buena decisión: comunicarse con mi abogado, con el fin de obtener toda la información posible acerca de los implicados en la desaparición de Karina. Por suerte, el licenciado Fuentes posee una gran cantidad de datos que pueden ser útiles en la investigación.

Aunque no trabajan en conjunto, las orientaciones de mi abogado ayudaron al licenciado Perea Arballo a armar la denuncia de hechos ante la Procuraduría de Justicia del Estado de Chihuahua, con la que se reafirma lo expuesto en mi denuncia y en la de Guadalupe Carrasco.

Para entonces, ya eran quince los testimonios de otras chicas que vivieron y sufrieron al lado de Sergio, pero que, por miedo a las represalias, no han querido hacer públicas sus declaraciones. Una y otra vez ha quedado comprobado que yo no fui la única víctima; los atropellos parecían no tener fin y la lista de las inocentes burladas en su búsqueda de la fama era interminable.

La ley sanciona la explotación de los menores de edad y eso fue lo que Sergio hizo con todas nosotras; por eso, clamo desde el fondo de mi corazón que si aún hay justicia en este país, los crímenes (porque no los puedo llamar de otra manera) de Sergio no deben quedar impunes. Tarde o temprano tendrá que responder por todo lo que ha hecho y, aunque Gloria sea una víctima más de él, si tiene responsabilidad en este asunto, como parecen indicar las cosas, tendrá que hacerlo también.

Después de presentada la denuncia ante la Procuraduría General de Justicia de Chihuahua, ésta solicitó apoyo a la Procuraduría General de la República y a la Secretaría de Relaciones Exteriores para buscar a Sergio y a Gloria. El licenciado Perea informó que las indagatorias se estaban enfocando en específico en España y que se localizó la casa donde Sergio escondía a las chicas: se encuentra en la calle de Castilla de León, en el poblado de San Agustín de Guadalix, situado a 30 minutos al norte de Madrid. Los vecinos de ese lugar notificaron a los Servicios Consulares que ahí vivían Karina Alejandra y otras jovencitas de entre 14 y 16 años de edad con un señor como de 40 años. La casa está situada en una zona residencial y, según los vecinos, está abandonada desde el verano pasado.

Al parecer, la casa siempre estaba cerrada y no se le permitía entrar a nadie; las ventanas permanecían cubiertas con periódicos y las muchachas, encerradas allí. Cuando alguien le preguntó a Sergio quiénes eran ellas, él respondió que eran sus sobrinas y que estaban en Madrid estudiando.

Pero el asunto no paró ahí: se está investigando la instalación y funcionamiento de una "agencia de modelos", al parecer dirigida por Sergio Andrade, que servía como disfraz de una verdadera red de corrupción de menores de edad, que prestaban sus servicios a selectos "clientes".

Las autoridades españolas informaron que dicha agencia funcionó como prostíbulo durante más de un año y que sólo tenían acceso a él personas muy adineradas, pues los servicios de las chicas se cotizaban muy alto. Como prueba de que los responsables huyeron en forma apresurada, se encontraron pasaportes, documentos y objetos personales de las víctimas en la casa que ocupaban, así como cuadernos llenos de frases como éstas: "Debo obedecer a Sergio Andrade", "Debo pagar a Sergio Andrade", "Debo hacer lo que diga Sergio Andrade" y otras por el estilo. Yo ya sé de qué se trata todo esto: es una de las tácticas que usa Sergio para someter a sus víctimas, como lo hizo conmigo.

Varias denuncias recibió la policía nacional española acerca de los frecuentes escándalos que había en esa casa y las investigaciones continúan para deslindar responsabilidades.

La familia Yapor Gómez está dispuesta a recuperar a su hija a como dé lugar y, de ser necesario, viajará a España acompañada por elementos de la Procuraduría de Justicia de Chihuahua.

La señora Teresita Gómez de Yapor está desesperada y decepcionada porque no sabe nada de su hija. Con toda razón la señora hace pública su queja, diciendo:

Quieren que mi hija declare primero para después poder buscar a Sergio Andrade como responsable de su desaparición. ¿Cómo puede ser eso si no hay noticias de su paradero? Me parece imposible que no existan pistas para encontrar a este hombre; registros de retiro en cuentas bancarias, pagos con tarjeta de crédito, no sé, cualquier otro comprobante que ayude a localizarlo.

Yo continúo esperando una llamada que me ayude a encontrar a mi niña y me pregunto: ¿de qué impunidad gozan estas personas que ni con todas las pruebas y testimonios de tantas muchachitas se les ha dictado orden de aprehensión?

Entiendo a la señora Gómez de Yapor porque algo similar vivió mi madre, aunque yo nunca estuve tanto tiempo ausente, ni dejé de comunicarme con ella, aun a espaldas de Sergio. La angustia de no saber si su hija está bien y qué ha pasado con ella la tiene enferma, pero no pierde las esperanzas de volver a verla.

Creo que ni el dolor de esta madre ha podido conmover a Sergio y a Gloria para dejar que Karina vuelva al lado de los suyos, con seguridad por el temor de que revele la vida que ha llevado junto a ellos y las actividades a las que se dedican.

La embajada mexicana en España aclara que no le corresponde buscarlos, pues para ello existen las autoridades competentes. Su disposición es para tramitar que el pequeño Francisco Ariel sea traído a México a vivir con sus abuelos.

Un joven chihuahuense creó una página de Internet que se llama "Juntos te encontraremos", para la localización de Karina Alejandra, y en unos cuantos días por medio de ella se comunicaron cientos de personas, sobre todo chilenas, españolas y mexicanas, que desean ayudar a la familia Yapor Gómez a recuperar a su hija. La página tiene la siguiente leyenda: "Cualquier aportación informativa que se haga al respecto, se agradece de antemano". Sin embargo, dicen que la información de los correos electrónicos no se revelará hasta que se corrobore, para no entorpecer la labor policiaca.

¿Y el pequeño Francisco Ariel? ¿Qué se sabe del inocente que no tiene culpa de nada y que fue abandonado por sus padres? La versión que se conoce hasta el momento es que fue engendrado cuando Karina tenía 14 años. Nació en Madrid el 12 de noviembre de 1997 y se le registró el 30 de abril de

1998, como hijo de Karina Alejandra; el nombre del padre no aparece en el acta.

Por lo que conocemos, Karina tuvo que viajar a Chihuahua a ver a su mamá que estaba enferma y dejó al niño encargado con Mary Boquitas. El niño se puso enfermo y el 1o.1 de julio ésta lo internó en un hospital de Madrid, donde le diagnosticaron un alto grado de desnutrición, por lo que tuvo que permanecer internado varios días. Supuestamente, Mary Boquitas también tuvo que viajar a México y le pidió a una vecina que estuviera al pendiente del niño. Pasados unos días, en el hospital decidieron dar aviso de que el pequeño estaba abandonado. Así fue como se enteró el consulado mexicano de esta situación. Ahora el niño se encuentra en una casa cuna de Madrid y sus abuelos maternos tramitan su traslado a Chihuahua ante las autoridades españolas.

El licenciado Fuentes Ladrón de Guevara está inconforme con el proceder de la justicia, pues hasta el momento mi denuncia en contra de Sergio está estancada; el motivo aparente es que no se ha integrado por completo la averiguación. Mi abogado considera que no le han dado al caso la importancia que tiene, quizá porque piensan que se trata de pleitos entre televisoras y cantantes:

Esto no es ningún chisme, es un conflicto que atañe a la sociedad mexicana. El caso tiene una gran im-

portancia y no es correcto que la demanda de justi-
cia haya sido denegada hasta el momento. Hay con-
ductas inmorales que deben sancionarse o, por lo
menos, aclararse, ya que la Procuraduría es la que
debe determinar si hay delito qué perseguir. Hay
muchas menores de edad perjudicadas y ello puede
ocasionar una deformación moral de la sociedad,
por lo que el caso es de interés público y no sólo de
un sector. Aline ha sido muy congruente con sus pa-
labras y sus actos y está dispuesta a aportar todas
las pruebas que estén a su alcance para que esto se
aclare. Yo espero que con la denuncia de los padres
de Karina el proceso vuelva a tomar fuerza y ahora
sí le den la enorme importancia que tiene.

Hablan las celebridades

Los comentarios de distintas personalidades del medio no se hicieron esperar. Día a día confirmaba el impacto que las últimas noticias sobre Sergio y Gloria había tenido.

Yuri

Yuri, la cantante que todos conocemos, opina con la franqueza que la caractiza:

Creo que cuando eres artista, hagas algo bueno o malo, tienes que agarrar al toro por los cuernos, como lo hicimos Lucía Méndez y yo cuando se nos involucró injustamente con los narcosatánicos. Si no lo haces es peor, ya ves esta monstruosidad que se ha convertido en algo tremendo. Además, como reza el dicho: "El que calla, otorga".

Sergio nunca me hizo nada, quizá porque cuando trabajó conmigo no estaba tan "deschavetado"; no tengo ninguna queja de él, siempre me respetó; por eso lo que está pasando se me hace sorpresivo y monstruoso, como si se tratara de una película de terror. Es lamentable que Gloria tire por la borda una carrera tan exitosa; tendría que pensar que tiene un público infantil al que le está fallando. Es una mujer con mucho valor, pero hasta ahora no se ha defendido de las acusaciones, ahí es donde está su error. Ojalá ella y Sergio recapaciten y le hagan frente a este problema, que va más allá del aspecto artístico.

Hace un tiempo vi a Sergio en una rueda de prensa que me organizó Raúl Velasco; llegó de la mano de Gloria y le dijo: "Quiero que en el futuro seas tan profesional como Yuri, que lleva varios años en el espectáculo y jamás ha tenido problemas". Ésa fue la última vez que lo vi. Luego supe que él confesó que tenía una enfermedad muy grave e intenté comunicarme con Gloria por teléfono para mostrar-

les mi apoyo, pero nunca recibí respuesta. Hasta ahora es que volví a saber de ellos. Yo creo que si en verdad han hecho tanto daño tendrán que pagar no sólo con la cárcel, sino ante la justicia divina.

Lorena Herrera

Lorena reveló que hace 10 años Gloria Trevi le propuso audicionar para Sergio Andrade, ya que era el tipo de mujer que a él le interesaba para lanzarla en el ambiente artístico. Ella cuenta lo que pasó:

La audición fue muy extraña, pues me citaron en un hotel de baja categoría; lo bueno es que que yo fui con mi hermano y un amigo de él, y quedamos en que si no bajaba en media hora, ellos subirían por mí a la habitación. Gloria me explicó que todas las audiciones se hacían allí y que no sintiera ninguna desconfianza. Primero canté, bailé y actué ante Sergio; mientras tanto, Gloria entró al baño. Después, Sergio me pidió que me quitara la ropa, pero yo no quise hacerlo y me dijo que necesitaba ver mi físico, pues era muy llamativo y pensaba lanzarme a nivel internacional. Como yo insistí en no desvestirme, Gloria salió del baño y me suplicó que accediera; se puso como enloquecida y empezó a llorar, argumentando que no me iba a pasar nada y que si no lo hacía, Sergio la podría correr. Su actitud me pareció muy extraña y decidí terminar con eso lo más rápido posible: me quité la ropa y caminé de un lado a otro. Luego Sergio me dijo que me vistiera, me prometió que firmaríamos un contrato, que haríamos un disco y que todo sería maravilloso.

Cuando se lo conté a Jaime Moreno (el actor, con quien yo salía entonces), me dijo que estaba loca, que no le hiciera caso porque ese tipo era un maniático. Esa noticia me puso a pensar y decidí regresar con Sergio para avisarle que no podía firmar con él porque me había comprometido con Blanca Estela Limón. De hecho, él conmigo nunca se propasó ni me tiró la onda, pero sí me pareció muy rara la forma en que se comportó, al igual que Gloria.

Una vida de trabajo creativo y de aportación artística construida sobre bases morales de dudosa calidad: ésa es la realidad que rodea a Sergio Andrade. Si antes gozaba del respeto y la admiración de gente de diversos ámbitos de la cultura, hoy esa misma gente se ve precisada a expresar una opinión distinta.

Raúl Velasco

Cuando Raúl Velasco —según cuenta él— conoció a Andrade, éste era otra persona, escribía temas positivos y lo veía como a un productor talentoso. Su relación fue de trabajo más que de amistad: incluso lo convirtió en director del Festival OTI. Pero Raúl también fue testigo —nadie se lo contó— de la transformación de Sergio, y su opinión fue cambiando con el tiempo:

Lo grave fue cuando empezó a ver con naturalidad todo lo que era perdición y promiscuidad sexual, lo veía como lo más natural del mundo. Un día llegó con un tema que era un himno a un narcotraficante famoso y yo le dije que estaba loco, que parecía que estábamos en otros países donde los delincuentes les pagan a los artistas para que los glorifiquen en sus canciones. Para mí es un psicópata y la Trevi es otra que reúne todas las características... De repente la veía yo con la mirada rara y una conducta extraña, pero no sabía a qué se debía. Aunque en la vida real muchos artistas son distintos de lo que representan en la pantalla, ella era exactamente igual que en el escenario... Cuanto más sé de ella, más me sorprendo. Creo que su historia y la de Sergio es como para hacer una película de horror. La verdad es que necesita ayuda urgente, antes de que haga una tontería.

El señor Velasco agregó que el aspecto positivo de lo que está sucediendo es que resulta una alerta para los padres, para que no se deslumbren con el *glamour* del medio artístico:

Para que si los van a apoyar (a sus hijos), los cuiden detrás de los reflectores, porque a veces hay errores irremediables que se pagan con muchas lágrimas.

Pilar y Mónica

"Recen mucho por mí porque lo necesito. Estoy muy mal… Pórtense bien… Yo no puedo portarme bien porque me quedo sin chamba." ¿Qué piensas de las palabras anteriores? ¿Verdad que parecen un grito de auxilio? Pues son las que les dijo Gloria a Pilar Romero y a Mónica Rodríguez, ex integrantes del grupo "Boquitas Pintadas", que formaron junto con Claudia, Mary Boquitas y ella misma. Pilar y Mónica se dedican hoy día a cantar música religiosa.

A raíz de los últimos sucesos, las dos chicas fueron localizadas en el estado de Texas, donde viven en la actualidad, y hablaron de sus experiencias. Mónica dijo:

No tengo nada personal contra Sergio Andrade, porque a mí no me hizo nada. Lo que sí puedo decir es que tiene una personalidad muy rara y cuando se enoja se transforma. Nunca me pegó pero sí me regañaba muy feo. Mucho de lo que Aline reveló en su libro es verdad; a Pilar y a mí también nos amenazó con que teníamos que hacer no sé cuántas planas,

184

pero nunca las hicimos. En cuanto a Gloria, me daría mucha pena que fuera verdad lo que se dice de ella, pues aunque esté metida en este problema tan grande, le tenemos cariño. Creemos que la verdad es que está amenazada por Sergio.

No conocimos a Karina, pero estamos asustadas por lo que le haya podido pasar. La misma Gloria sintió miedo algunas veces, como un día que se espantó en la cocina de la casa de Sergio. Estaba muy pálida y asustadísima porque vio una mano velluda reflejada en la cafetera y nos dijo: "Ya me cachó Sergio". Y es que él no nos permitía entrar a la cocina, quién sabe por qué, ya que ni siquiera había comida. Un día, una de nuestras maestras de música dijo que vio a un hombre vestido de negro y Mary, Gloria y Claudia lo vieron después en el elevador. Sergio no podía ser, porque estaba en un programa de televisión. Y así, te digo, pasaban cosas muy raras, que nos daban mucho miedo a todas.

En McAllen, Pilar se encontró una vez a Mary (Boquitas) que iba con otra mujer y ella le preguntó si todavía cantábamos. Se mostró muy misteriosa, nerviosa, como queriendo ocultar ante aquella persona que nos conocíamos bien. Pilar le dijo que le iba a dar uno de nuestros discos y ella aceptó, pero parecía tener miedo de que Pilar hablara de otras cosas. A Gloria le aconsejo que aparezca, que se arrepienta y diga la verdad, porque Dios la ama y *no quiere que viva de esa manera. Creo que no hay mucha gente que la quiera proteger ahorita.*

Mónica tiene ahora 30 años y es una ferviente creyente de la religión cristiana.

También Raquel declaró:

Conocí a Sergio hace 21 años, yo tenía 11 y participaba en el programa Chiquilladas. *Aun siendo tan niña, me daba cuenta de que con él pasaba algo raro, pues siempre se estaba cambiando de casa, como si se escondiera de alguien, y nos obligaba a ir con él. Era muy estricto y, aunque nunca abusó de nosotras, no nos gustaba cómo nos trataba, nos obligaba a mentir y a negar que él nos representaba.*

Mónica continuó el relato:

Un día, Gloria, Claudia y Mary nos dejaron de hablar, creo que porque éramos cristianas y a Sergio eso no le gustaba. La última vez que vimos a Gloria fue hace seis años, cuando nos llamó de parte de Sergio. Lo que éste quería era una de mis canciones para lanzar a una chica nueva; más adelante supimos que se trataba de Aline. Yo le dije que lo iba a pensar y a consultar con Dios, pero mi respuesta fue negativa. Recuerdo que él me contestó de manera burlona. Cuando nos despedimos, abrazamos a

Gloria y le dijimos que todos los días rezábamos por ella.

Carlos Monsiváis

Yo no puedo evitar ponerme triste en algunos momentos. Como cualquier ser humano, reflexiono en que la verdad muchas veces lastima y, por qué no, hasta destruye. Por la amistad que creí que existía entre Gloria y yo, hubiera deseado que toda su vida al lado de Sergio se tratara de una pesadilla, de algo irreal, creado nada más en un mundo de maldad ajeno a nosotras. Mi denuncia es contra Sergio Andrade y a Gloria la cito sólo como testigo. Qué bueno sería que ella apareciera y comprobara su inocencia, y así se deslindara de toda responsabilidad en forma definitiva.

Por tal motivo, no me sorprende que sus amigos se solidaricen con ella, como el escritor y crítico literario Carlos Monsiváis, que contestó con tristeza cuando fue interrogado en la ciudad de Guanajuato:

En lo particular me solidarizo con su situación de agobio y ojalá logre resolver este problema... Es un escándalo lamentable, no tengo capacidad de juzgar cuál haya sido la conducta de su representante, pero sí sé que para ella las consecuencias fueron catastróficas... No puedo opinar... como todos los aquí presentes soy morboso, pero no tengo el detalle.

A Carlos Monsiváis lo une una relación de amistad y aprecio con Gloria e, incluso, llegó a acompañarla a algunas de sus representaciones y a elogiar por escrito su carrera en varios de sus artículos.

Hay escándalos que benefician, por lo visto la mayoría en los tiempos recientes, y hay escándalos que malefician y parece que en su caso [de Gloria] ese escándalo le hizo mucho daño, explicó el escritor.

Crystal

Crystal es otra de las artistas que mantuvo relación con Sergio Andrade. Por motivos que no sabemos, en sus primeras declaraciones después de que salió mi libro aseguró que su trato con Sergio había sido sólo en el terreno profesional; comentó que es un productor muy talentoso pero muy estricto, que exige mucho de la gente que trabaja con él.

Ahora resulta que su trato con Sergio fue mucho más allá de lo que dijo en esa ocasión, pues ya aceptó que vivió tres años de relación profesional y amorosa con él, y que aún mantienen contacto.

—¡*Uuy, no!*—, contestó cuando la prensa le pidió su opinión acerca de la denuncia de la familia Yapor Gómez. —*Creo que se quedan cortos.*

La cantante está dispuesta a contar todas sus experiencias al lado de Sergio si le ofrecen lo que ella pide:

Yo necesito bastante dinero, y si alguien me lo ofrece por la exclusividad de un libro, lo haré con mucho gusto, aunque después de esto Sergio no me vuelva a producir un disco.

Ella teme a las represalias, pues si piensa hablar con la verdad, seguramente dirá cosas muy graves acerca de Sergio Andrade y de Gloria Trevi.

Sí me presto a escribir sobre él, pero tendrían que garantizarme que yo no me vaya a preocupar por mi seguridad, ni por los abogados, ni nada de eso. Soy una persona discapacitada y legalmente no me pueden hacer nada, y si hablamos de abusos, yo resultaría la más faltada al respeto.

Reconozco el talento de Sergio, es excelente como músico, como arreglista y como compositor... Me enseñó muchas cosas, entre ellas a tocar el piano. Creo que éramos el uno para el otro, porque entre nosotros pasó un fenomeno maravilloso, pero nadie le debe nada a nadie. Aunque alcancé la fama con "Suavemente", canción original de Sergio, si yo no hubiera

*aportado mi talento, los discos no hubieran tenido
éxito. Fue mi mejor época como cantante.*

*Sé muchas cosas de Sergio y de muchas artistas
que se involucraron con él, sólo que cuando hable
lo haré nada más acerca de mi experiencia, ya que
no me parece justo mencionar a otras personas como
lo hizo Aline. Cuando hable de los pecados de él,
mencionaré también los míos, pues hay que ser
pantalonudos y honestos para decir los pros y los
contras.*

Cuando me enteré de todo lo que declaró Crystal,
no sabía yo qué pensar. Creo que tiene razón en
muchas cosas, pero en otras pienso que vale la pena
recordar lo que conté en mi primer libro: mi intención fue descubrir no sólo lo que ocurrió conmigo
sino lo que estaba ocurriendo con otras chicas. Entonces, ¿cómo puede decir Crystal que no le parece justo que yo las mencionara? ¿Le parecerá más
justa la conducta de Sergio? Si no las menciono
yo, ¿cómo se iba a enterar la gente del daño que
Sergio les estaba causando? ¿Acaso ella no habría
tenido el mismo valor que yo? No lo sé, quizá ella
piense revelar otros secretos que yo no conozco y
también nos dé muestras de la decisión y el coraje
que se necesita para afrontar lo que venga. Ojalá lo
haga.

Juan Calderón

"Quien mal anda… mal acaba", así comienza el artículo que escribió Juan Calderón, "El Gallo", en la sección de espectáculos de un renombrado periódico de circulación nacional.

No sé en qué vaya a parar este nuevo escándalo de la pareja Gloria Trevi-Sergio Andrade, pero huele feo y las acusaciones que se lanzan esta vez en contra de la pareja son verdaderamente graves…

En el momento en que se huye de la opinión pública, de los medios y después de la justicia, algo se descompone y eso por lo general tiene un desenlace que esperamos no sea trágico… Ahora sí creo que de ésta no se van a levantar ni Gloria ni Sergio y ojalá mi predicción no se cumpla porque no deseo el mal de nadie; sin embargo, esta vez, y repito, lo veo con lupa y ni así les encuentro una buena salida, a menos que den la cara…

Juan Calderón afirma sentir estimación por Gloria y por Sergio y no les desea ningún mal. Qué bueno. Pero hay otra cosa que me llamó la atención de su artículo, y es el fragmento siguiente:

Esta vez las quejas salen de una niña y sus padres que advierten del suceso y no de aquel libro un poco escrito de mala leche y por una joven que ya sabía lo que quería.

Yo sé que mi primer libro no les dio gusto precisamente a muchas personas y que dudaron de la veracidad de mis palabras. Pero, a pesar de que los comentarios de este tipo no son agradables, el tiempo y los hechos me han dado la razón. La mala leche hubiera sido si hubiera inventado las cosas o calumniado a alguna persona. Pero ya estamos viendo que no es así.

Y otra cosa: a Gloria no la ha mareado la fama ni le ha faltado sabiduría y talento para sobrellevarla, como supone el señor Calderón. Gloria, en estos momentos, está viviendo una tragedia muy distinta.

Irma Serrano

Es una víctima de la desgracia y debe enfrentarse a quienes la atacan, dijo Irma Serrano, "La Trigresa" a los periodistas, cuando le preguntaron sobre Gloria Trevi.

Es una chamaca acosada por la desgracia y su talento no fue suficiente para defenderse... Las circunstancias la arrastraron a la situación por la que está atravesando. Alguien debe saber dónde se encuentra y debe dar la cara para que le dejen en paz.

Pero si lo que necesita es algún tipo de rehabilitación, que lo lleve a cabo ya.

La actual senadora por el estado de Chiapas agregó que el éxito le llegó demasiado rápido a Gloria, por eso no le fue fácil asimilarlo.Creo que la señora Serrano tiene toda la razón y deben tomarse en cuenta los comentarios de las gentes del medio artístico que tienen más experiencia que nosotras, las que estamos buscando un lugar en ese difícil ambiente.

Ga-Bí

Primero yo, en el Distrito Federal, después los padres de Karina, en Chihuahua, ahora es Judith Enriqueta Chávez Flores —cuyo nombre artístico es Ga-Bí— en Carolina del Norte, Estados Unidos, quien también levantará una demanda contra Sergio Andrade por abuso de menores, maltrato físico y reclutamiento de infantes.

"Yo fui de las primeras víctimas de Andrade", dio a conocer Ga-Bí y dijo estar dispuesta a denunciarlo ante las autoridades mexicanas del vecino país.Ga-Bí es ahora cantante cristiana y se dedica a dar conciertos en las bases militares de Estados Unidos, ya que está casada con un militar. La época de la farándula quedó atrás para ella y ahora sus intereses son otros.

Cuando se enteró vía Internet de lo que está pasando con Sergio Andrade y Gloria Trevi, Ga-Bí se decidió a revelar cosas que mantuvo guardadas durante años para apoyar a las chicas involucradas en el caso.

A través de la vía telefónica se comunicó con varios periodistas y confesó secretos que había preferido olvidar, como los siguientes:

Sostuve una relación de pareja con Sergio Andrade durante casi dos años, cuando yo empezaba mi carrera con CBS (ahora Sony Music). Sergio se convirtió en mi productor y juntos hicimos un disco del cual salieron los éxitos "Él llegó" y "Me cansé de ti"; con esta última canción fui nominada al festival OTI.

Al principio se portó muy bien conmigo, era amoroso, tierno y romántico, hasta que en una ocasión trató de pegarme y me amenazó. Recuerdo que sucedió cuando estábamos grabando el disco.

Me pedía que nos casáramos, pero mi mamá no lo veía con buenos ojos, porque yo era mucho más joven que él. Incluso en una ocasión me llevó a casa de su mamá y su hermano Lalo (Eduardo Andrade, hoy día senador por el estado de Veracruz), que era entonces comentarista de deportes.

Vivimos un romance a escondidas y terminamos porque sentí que me había convertido en su víctima y porque me robó las canciones "Tierno" y "Suave-

mente", las cuales aparecieron después en el primer disco de Crystal.

Su táctica es la siguiente: cuando conoce a las chicas primero se porta muy sencillo, como si fuera una ovejita, pero después saca las uñas, las maltrata y las golpea; llega al grado de atarlas a la pata de una mesa con tal de conseguir lo que desea.

Ga-Bí comunicó recientemente a los periódicos que demandará a Sergio ante la embajada de México en ese país por plagio, robo de varias de sus canciones y abuso de confianza.

Él ha sido productor de muchos cantantes y a todos les ha sacado mucho dinero. Les quita el 60 por ciento de sus regalías, lo que, además de los impuestos que hay que pagar, no deja nada para el cantante. Con razón la pobre de Gloria no cambia de ropa muy seguido.

Después de mi quimioterapia (Ga-Bí tiene cáncer), pienso ir a México y hacer mi denuncia en Chihuahua para ratificar la que estoy preparando aquí.

De Gloria, Ga-Bí piensa que se ha convertido en una enganchadora de niñas:

Lo que le hicieron a esas niñas se llama lenocinio y está penado por las autoridades. Al principio de la carrera de la Trevi apoyé a Sergio, pero luego lo mandé por un tubo y ya no tuve contacto con nadie.

Ahora me ofrezco como testigo para apoyar la denuncia en el caso de Karina Yapor Gómez porque sé que tengo información que les puede servir.

A Sergio le puedo decir que lo amé mucho y sé que él también me amó, y por ese amor que me tuvo le pido que no les siga haciendo eso a esas niñas, que se entregue o cambie, o lo que sea, pero ya basta, basta de hacer tanto mal.

"A Gloria quiero decirle sólo una cosa: Sergio no es un Dios y sí puede existir la gloria y la fama sin él.

Sé que mucha gente aún no cree en mis palabras, pero Dios, las personas que me conocen y —sobre todo— mi conciencia sabemos que todo cuanto digo es verdad. He tratado de mantener los pies sobre la tierra y entiendo cuando alguien tiene sus razones para no estar de acuerdo conmigo; es más, respeto su posición, en especial cuando demuestra un aprecio sincero por Gloria.

Por otro lado, también me da gusto cuando personas importantes, por ejemplo un buen periodista, se refiere a mi caso como algo digno de tomarse en cuenta, más ahora que se sabe lo de Karina. Me refiero a un artículo de análisis en el que se habla de los "desaparecidos", en el cual mencionan a la ilustre bailarina Nellie Campobello y a Karina Alejandra Yapor, así como a algunas figuras de la política; gente que desaparece por decisión propia y gente a la que desaparecen. ¿Cuál será el caso de Karina?

Alrededor de Nellie se han tejido distintas historias: que su apoderado la secuestró para robarle obras artísticas de gran valor, que murió abandonada y en la pobreza, o que su desaparición fue una de las notas más tristes dentro de la historia de la danza en nuestro país. Una artista que llenó toda una época, sin duda alguna.

Karina no ha tenido tiempo de demostrar si puede llegar a ser una figura artística famosa por su corta edad, pero ya forma parte del grupo de personas desaparecidas. La pregunta que me hago es la siguiente: ¿Desapareció Karina o la hicieron desaparecer? ¿Se volverá a saber de ella algún día? ¿En qué condiciones se encontrará? Ojalá que muy pronto todos salgamos de esas dudas y nos enteremos de que Karina apareció y que se reintegra a su vida familiar, junto a sus padres y su hijito.

El artículo que menciono me pareció interesante y en él observé la gran cultura del periodista que lo escribió, así como una fina ironía para presentar sus comentarios: "Personas que de un día a otro (como chupados por la bruja de nuestra infancia) de pronto adquieren el estatus terrible de 'desaparecidos'... un día, de pronto, 'no ser y no estar en ninguna parte'".

Al leerlo no pude evitar pensar en Sergio y en Gloria, sobre todo con expresiones como: "…renunciar a la fama pública, al rostro", "Hay ausencias que triunfan y la nuestra triunfó" y "Pero un día esa ausencia se vuelve insoportable. Los 'desaparecidos' terminan por aparecer o cuando llegan de donde andaban, los ausentes regresan a cobrar la nostalgia y las infamias… porque al fin que 'ya llegó el que andaba ausente y ése no consiente nada'".

Saco mis propias conclusiones y pienso que Karina debe regresar a cobrar las infamias, que su ausencia triunfó, pero su triunfo apenas empieza.

De Sergio y Gloria pienso lo contrario: renunciaron a la fama (me refiero a la fama que se gana a través del trabajo y el esfuerzo, actuando de buena fe) y, en sus condiciones, no tienen derecho de regresar a cobrar nada, pero sí a cumplir con sus responsabilidades, si es que aún saben de qué se trata eso.

Tiene razón el autor cuando dice que "un día la ausencia se vuelve insostenible".

Hablan los padres de Gloria

Mi familia siempre me respondió y hoy día lo sigue haciendo, si tú quieres con más brío. Sin ella no sé si habría sido capaz de enfrentar todo esto, ni sé de dónde habría sacado la fortaleza que he necesitado para llegar hasta aquí. Pero, por lo que sé de su familia, es difícil que Gloria cuente con su apoyo. Ellos siempre han negado todo lo concerniente a Sergio y han dicho que Gloria está contenta y trabajando muy bien, ajena por completo a las situaciones que se descubrieron en torno a él. Pero nunca es tarde, y si quisieran ayudarla, seguro que podrían hacerlo.

Digo lo anterior porque la mamá de Gloria concedió una entrevista y, llorando angustiada, confesó que no sabe nada de su hija desde septiembre del año pasado. "Mi dolor como madre es muy grande también", dijo la señora Ruiz, tal vez refiriéndose al enorme dolor de la madre de Karina Alejandra.

Por caridad, entiéndanme, no es posible que esté sucediendo esto, todo porque un señor no se presenta a dar la cara para responder a las denuncias que tiene en su contra.

¿Por qué sobre mi hija cae todo? ¿Acaso mi hija embarazó a la señorita? Que yo sepa, no es posible... La hacen responsable y a toda la familia y no es justo, yo también quiero saber si mi hija está bien, me angustio por ella. ¿Dónde está? No hay forma de saberlo, si lo supiera ya hubiera ido a buscarla, no entienden eso.

La señora pide a las autoridades que difundan fotografías de Sergio para poder dar con su paradero, como si, por primera vez, admitiera su culpabilidad; pero después dice algo que nos deja en las mismas:

No es que dude de Andrade, pero que se presente ante las autoridades.

Estas palabras me hacen pensar: ¿Lo estará diciendo para proteger a su hija? Tal vez, porque es muy posible que ella sepa de los malos tratos que ha recibido de Sergio por cosas menores. Imagínate si se entera de que la familia de Gloria lo está acusando también, ¿qué sería de ella? No sabemos qué está pasando por ese corazón de madre.

La señora recordó que Gloria era una niña tímida e introvertida y se sorprendió de que quisiera entrar al concurso para encontrar a la doble de Lucerito en su personaje Chispita, organizado por Televisa.

Como eran vacaciones, la llevó a la capital y la inscribió, con tan buena suerte que Gloria salió triunfadora en cada etapa del concurso. Después ganó una beca para estudiar en el Centro de Capacitación de Televisa, donde estuvo año y medio. La señora no aclaró con quién dejó a Gloria en México y sólo dijo:

Un día me llamó para decirme que había participado en un casting *con Sergio Andrade, el mánager de Lucerito, de Yuri y de otras artistas famosas en ese momento".*

200

A mí me queda una duda, pues sabemos que Gloria se puso en manos de Sergio cuando tenía 12 años y la señora dijo que esto pasó cuando ya su hija tenía 15 o 16 años, según ella no recuerda con exactitud.

La audición fue para entrar al grupo "Boquitas Pintadas" y la señora viajó a México para estar junto a su hija, al igual que otras mamás. Fue entonces cuando Sergio le dijo que su hija tenía facultades para ser artista.

Se veía un hombre sumamente serio y formal, cortés y caballeroso. Nunca vi nada raro en él.

Después nos rolábamos las giras del grupo; unas veces íbamos tres mamás y después les tocaba a las otras. Lo único que advertimos fue que Sergio era muy estricto con las niñas.

Yo notaba el desarrollo artístico de mi hija y jamás supe que le hayan quitado la ropa; si algún día llegó a suceder eso, a mí nunca me lo dijeron.

Yo regresé a Monterrey pues tenía otros hijos que atender, pero llamaba muy seguido para saber de Gloria y me decían que no había ningún problema.

Cuando el grupo se desintegró, Gloria y yo nos distanciamos, creo que ella tenía 17 años. Se alejó de nosotros y después de un tiempo sin hablar, un día llamó y avisó que Sergio Andrade la había convencido de hacer carrera como solista, por lo que estaba tomando clases de canto en la academia de éste.

Después de un tiempo salió el disco de "Qué hago aquí", con el que empezó Gloria su carrera de solista. Luego vinieron las giras y ella se separó más de nosotros. Del dinero que ganaba nunca supimos nada, lo único que nos importaba era su felicidad y ella estaba haciendo lo que quería: ser artista.

La señora Ruiz aparece como una madre pendiente y preocupada siempre por su hija, pero demasiado confiada en Sergio Andrade. Es increíble que nunca haya hablado con Sergio del trato económico como representante de su hija, ni de las utilidades de sus discos y presentaciones, sabiendo que se trataba de una menor de edad. Qué lástima que el tiempo le demostró que este hombre no era digno de su confianza, ni mucho menos.

Don Manuel Treviño, padre de Gloria, no vive con su familia. Según él, no está enterado de lo que sucede y se sorprendió mucho cuando supo que su hija tenía en su contra una denuncia por corrupción de menores, junto con su representante Sergio Andrade.

La última vez que platiqué por teléfono con Gloria fue en diciembre, pero a ella hace más de seis meses que no la veo. Por lo que sé, tampoco la familia sabe nada de ella en Monterrey.

No sé quién sea Karina, no la conozco, pero es importante que mi hija aparezca para que aclare todo.

Por su parte, la familia Yapor Gómez hizo un llamado a la mamá de Gloria para que los ayude a localizarla, pues deducen que la cantante está con Karina.

El señor Roberto Yapor, tío de la niña, pidió por medio de la prensa que la señora Gloria Ruiz los ayude a localizarla, pues, aunque no quieren juzgar a nadie, no creen que ella no sepa dónde está Gloria, a menos que también la tengan raptada.

Le pedimos a la señora que se sensibilice y se apegue al sentido humano para colaborar en la búsqueda. Que ponga todo de su parte y vea el sufrimiento por el que estamos pasando.

Le rogamos a Gloria que nos devuelva a nuestra niña, que se compadezca, y que piense bien que lo que está haciendo está mal, porque Karina se fue a su lado con la única intención de cumplir su sueño de ser artista.

Cómo me recordaron esas palabras el sufrimiento y la desesperación de mi madre cuando se dio cuenta de que Gloria y Sergio me apartaron de ella y casi destruyen mi vida. Sus intentos por recuperarme y traerme de nuevo al seno familiar. El apoyo de mis tíos y de la gente más allegada a la familia, de mis queridas amigas y de Aquél que nunca me ha abandonado.

Comprendo perfectamente lo que están sintiendo, y si hay algo que yo pueda hacer para ayudarlos lo haré sin pensarlo dos veces. También Karina es una víctima, como lo fui yo y merece ser ayudada. Sé que ahora mi nombre y mi persona están presentes en todo momento, pues es como si se repitiera mi pesadilla. Un ejemplo son las palabras del tío de Karina:

Nosotros siempre creímos en Gloria, porque después de que se vino el escándalo de Aline, ella nos aseguró que todo era mentira, y la familia no quiso hacer caso de los "chismes"; ahora nos damos cuenta de que estábamos tratando con una banda de rufianes.

De nuevo la confianza defraudada y el abuso de la buena fe de las personas me llegan hasta el fondo del corazón y deseo, antes que nada, que esa niña aparezca, pues le hace falta a su hijo. Después ya llegará el momento de saldar cuentas con los responsables. Los acontecimientos vuelan y por fin tengo una buena noticia qué compartir contigo respecto al caso de Karina: el jueves 27 de mayo sus papás se llevaron una agradable sorpresa: al llegar a las oficinas de la Secretaría de Relaciones Exteriores, sin saber qué les esperaba, se encontraron con un niño maravilloso: su nieto, Francisco Ariel, del que la señora dice: "Es como tener una parte de Karina"

Con gran generosidad, doña Teresita y don Miguel no le tienen ningún rechazo al niño e interpretan su llegada como una bendición del cielo:

Si no fuera por él, todos seguiríamos viviendo en un engaño y esta criatura nos abrió los ojos. Es como si Dios lo estuviera usando para tumbar el imperio de ese señor.

Yo hablé con don Miguel y me dijo que el niño va a ser un muchachote grandote y guapote, que es muy cariñoso, a todo el mundo le da beso y no llora. Y con un año y ocho meses, está gigante, tiene que usar talla de cuatro años.

Espero sinceramente que esta familia encuentre la paz y que Karina pronto se reúna con sus padres y, más que nada, con su hijo, y pueda, como yo, empezar una nueva vida.

14. ¿Una secta?

*No sabía lo que era hasta
que leí un libro y me di cuenta
que yo viví en una secta unipersonal.*

No sé hasta dónde vaya a llegar el problema de
Sergio y de Gloria, pues cada día tiene implicaciones
más graves y —por qué no decirlo así— perversas:
ahora el asunto se está analizando desde el punto de
vista psicológico, ya que la conducta de ambos no
es normal. Es ni más ni menos que uno de los integrantes del club de fans "Aurora" de Gloria Trevi,
llamado Guillermo Orozco "Lupus", quien está haciendo estos estudios, en su calidad de licenciado
en Psicología.

Lupus se negaba a creer todo lo que se dice de
Gloria y otras chicas en relación con Sergio Andrade,
pero, como las evidencias de muchas involucradas
no dejan lugar a dudas, se decidió a hacer un análi-

sis de cuál podría ser la explicación de una conducta tan extraña y enfermiza.

En el congreso "Al encuentro de la psicología mexicana", llevado a cabo en septiembre de 1992, este psicólogo presentó una ponencia titulada "Gloria Trevi, un fenómeno de afectividad colectiva" y en octubre de 1998 impartió un curso en el IX Congreso Latinoamericano de Sexología y Educación Sexual, con el nombre de "Gloria Trevi, mito y realidad de un símbolo sexual mexicano". Estos datos fueron publicados por el periódico *La Jornada*, por lo cual creo que se trata de un asunto serio y confiable.

El resultado de estas investigaciones hasta el momento es que el grupo de Andrade y sus pupilas tiene todas las características de una secta destructiva.

Las sectas destructivas son conducidas invariablemente por un "líder autoritario" que ejerce un poder vertical e incuestionable al interior del grupo; es el gran conocedor, el gran gurú, el gran maestro, cuyo liderazgo es vital para los fines comunes de los adeptos.

Al leer dicha descripción, vino de inmediato a mi mente la imagen de Sergio, rodeado por todas las niñas y jovencitas que caen en sus trampas. Me vi yo misma siguiendo sin pestañear al que yo creí mi guía en un tiempo, un tiempo que ojalá nunca hubiera existido.

Respecto de Sergio Andrade, en el libro de Aline y en los relatos de otras chicas que estuvieron con él, queda muy claro esto. Gloria Trevi ha dicho una una y otra vez que Sergio es un ser supremo, un genio, un nonplusultra de los mánagers del espectáculo. Él es quien sabe y la prueba es el triunfo de ella misma. Y en este culto a la fama, al éxito y al poder, él no puede ser cuestionado.

Estas palabras de Lupus, dichas al periodista, parecen un retrato hablado de Sergio Andrade. Mencionó también otras cosas que practican las sectas destructivas, como son el control de la información, el fomento de la culpa y la vergüenza, la inducción de fobias y una percepción manipulada del mundo. Y, como supongo que ya sabes, todas estas características coinciden con el tipo de "disciplina" que Sergio impone a sus representadas. Lo digo por experiencia.

Al igual que yo, estoy segura de que tú sientes rechazo hacia una cosa tan degradante para un ser humano, pues nadie merece ser tratado así por otra persona, nadie tiene el derecho de anular la voluntad y la personalidad de seres que empiezan a vivir.

Andrade despersonaliza y debilita física y psicológicamente a sus seguidoras, les escamotea los alimentos, no permite que tengan relojes, les cambia el nombre por el de objetos (mesa, zapato, teléfono), las encierra durante largos periodos y las obliga a compartir la ropa, entre otras cosas. El líder en estos casos es, al mismo tiempo, un megalomaniaco y un individuo inseguro.

De esta manera fomenta una resignación o conformidad en el grupo. Gloria Trevi es sólo una integrante más en la estructura de éste: es el rostro conocido, el nombre famoso, pero no disfruta de una situación priviligiada. Por eso hay que bajar un poco el cargo sobre ella y equilibrarlo con el que tienen las otras chicas dentro del grupo, como Mary Boquitas o Katya. Despojadas del concepto del bien y del mal que tenemos afuera, ellas se disculpan psicológicamente del daño que puedan causar sus acciones por el hecho de estar obedeciendo órdenes; eso explica que puedan ser cómplices y víctimas al mismo tiempo. Si no obedeces, te pueden castigar o te puedes sentir muy mal por fallarle al maestro infalible. Todo esto debe ser ponderado a la hora de actuar legalmente y no precipitarse, como está ocurriendo, al grado de que aún no existe una investigación concluida, pero ya se están señalando, irresponsablemente, culpas y castigos.

¡Qué rollo!, ¿no? Es algo como para dar miedo, pues vas cayendo como en un pozo sin fondo, en el que cada día te hundes más. Por eso, una y mil veces doy gracias a Dios porque me permitió alejarme de esas fuerzas oscuras que sólo conducen a la destrucción de la gente. Mi tristeza es ahora por las que aún no quieren o no pueden seguir mi ejemplo.

Estoy de acuerdo con Lupus en que la investigación no ha concluido, pero no por culpa mía ni de mis abogados, sino de las autoridades que no le han dado el curso necesario a la denuncia. Pero sí difiero en cuanto a que se estén adjudicando culpas y castigos en forma irresponsable, pues las evidencias señalan en especial a las dos personas que ya todos conocen, como los causantes directos de esta situación.

Epílogo 1

He querido que este libro tenga dos epílogos: éste, escrito por mi madre, que ha sido mi gran compañera y mi apoyo, sin quien no habría logrado todo lo que hasta ahora he conseguido, y otro, escrito por mí.

La verdad de Aline

Hablando de verdades, es cierto que el éxito de *Aline, la Gloria por el Infierno* continúa, y así será por mucho tiempo, no por el escándalo que causó ni por lo que dice de Gloria Trevi, sino por el impacto de la aterradora verdad que reveló.

No es posible inventar una historia tan grave sólo para obtener publicidad, ni podrían comprarse mil voces diciendo cosas que no son ciertas, ni sacar de la nada a las muchas personas y familiares que fueron testigos presenciales de la terrible pesadilla que vivió mi hija y toda nuestra familia.

Es verdad también el giro que ha dado la vida de Gloria Trevi a partir de la salida del libro, y también que no se le ha detenido porque no se han empeñado en hacerlo. Son muchas las interrogantes que quedan en el camino... ¿Vivirá tranquila Gloria, dondequiera que esté? ¿Qué pasó con la enfermedad de Sergio Andrade? ¿Dónde está Mary Boquitas? Las respuestas no las tenemos pues no se conoce el paradero de todos ellos, no sabemos si es verdad que Andrade está enfermo de cáncer, pues no hay un solo reporte médico que lo confirme. Si es verdad, como ella dice, que Gloria no vive con él, me pregunto con quién ha vivido entonces 12 años de su vida. Me pregunto también si las otras muchachitas han hecho una carrera artística durante los últimos siete años.

En el caso de Marlene, dijeron que el libro afectó su carrera pero, por favor, ¿quién era Marlene antes y a qué carrera artística se refieren? Tal vez ella sería la única que podría decir la verdad.

Otra gran verdad es que el libro cumplió con el cometido de informar, de participar hechos verídicos, de advertir a las jovencitas que abran los ojos. Cumplió con enseñarnos a los padres de familia cuántas verdades ocultas existen algunas veces en la vida de nuestros hijos y, ¿por qué no decirlo?, cumplió con el gran deseo de Aline de no ver su historia repetida en otras muchachitas.

Muchos pretendieron poner el libro en tela de juicio, sembraron la duda sobre su veracidad, tratándose de una verdad a gritos que sólo podía ser escuchada lanzándola al aire, respaldada por personas honestas, por una editorial seria y de prestigio, por un escritor que se encargó de contar la historia de manera sutil, sin llegar al amarillismo y, sobre todo, respaldada por una familia que, antes que nada, quiere seguir siendo eso... una familia.

Las verdades duelen, incomodan, fomentan odios, enjuician, laceran, pero sería peor no decirlas, y continuar con la vida enlodada.

Todos los hijos de Dios tenemos libre albedrío, la libertad de creer o no creer, de formar nuestros propios juicios, de estar a favor o en contra de algo o de alguien, pero siempre debemos hacer valer este don sólo después de analizar honestamente las situaciones.

El beneficio de ser honesto y decir la verdad es la satisfacción propia de la gente noble, es el poder dormir tranquilos, poder darle la mano al amigo, poder mirar de frente al hermano, en una palabra, sentirse feliz con uno mismo.

El beneficio material es un extra en la vida, es un sueldo en pago por un trabajo, es el pan de cada día, es el vestido y sustento; es una necesidad que hay que cubrir, sin permitir que se convierta en el eje de nuestras vidas.

Cumplir con tu verdad es alimentar tu espíritu. El tiempo es nuestro mejor aliado, ya que la falsedad tarde o temprano cae por su propio peso.

Josefina Ponce de León

Epílogo 2

No cabe duda que la vida está llena de misterios, nunca sabes lo que te va a suceder; pueden ocurrirte cosas que no tienen una explicación lógica o que van más allá del mundo real, como algunas de las experiencias que te he contado.

Creo que has podido darte cuenta a través de mi historia de que lo que vivimos no siempre es lo que deseamos o lo que soñamos y que la realidad puede ser muy cruel. Te he contado casi toda mi vida y he compartido contigo los momentos más importantes de ella hasta el presente. Lo que me resta por vivir no sé cómo será, pues no está en mi mano adivinar mi futuro, ése sólo Dios lo conoce.

De algo sí estoy segura: todos tenemos una misión qué cumplir, y de cada uno de nosotros depende hacerlo bien o mal. En mi caso, estoy haciendo lo posible por cumplir con el compromiso que yo misma me he impuesto: ayudar a las muchachas inocentes que buscan la fama y que caen en manos de personas sin escrúpulos.

Me siento satisfecha de estar llevando a cabo esta misión y creo que hasta el momento todo ha salido bien, porque lo que he hecho lo he hecho sin flaquear, sin rendirme, con seguridad y con una firmeza que ni yo misma sé cómo he podido obtener; pero, más que nada, todo lo he hecho con amor y con el corazón en la mano.

Mi camino no ha sido fácil y después de todo lo que me ha pasado, me siento con la confianza de decirte que cuando tomes una decisión importante, no te eches para atrás, sácala adelante y llega hasta donde tengas que llegar para hacerla una realidad.

Descubre en el fondo de tu corazón cuál es tu misión en la vida, busca en lo más profundo de ti, en lo que más te inquiete o en lo que más anheles, y ahí lo vas a encontrar. Es posible que te cueste trabajo y te enfrentes a muchos problemas. No importa, sigue adelante, recuerda que después de la tormenta viene la calma y que "no hay mal que por bien no venga".

Pero cuídate mucho: nunca dejes que tu cuerpo, tu alma y tu corazón sean manipulados por alguien ajeno a tus sentimientos, a tus virtudes, a tus cualidades como persona. Nadie tiene derecho a lastimarnos o a causarnos daño, sea quien sea. Defiéndete, lucha por tus derechos y haz de tu vida algo positivo.

Ten confianza en los tuyos, ábreles tu corazón y escucha sus consejos; quien te quiere bien nunca deseará nada malo para ti. No pienses que por ser mayores que tú, no te comprenden o no saben lo que quieres, todo es cuestión de compartir tus problemas, de no encerrarte en ti mismo(a) y negarles la oportunidad de ayudarte. Te lo dice alguien que lo ha vivido en carne propia.

¡Ah!, y no olvides: a todo lo malo que te pase, sácale todo lo bueno, todo lo positivo que puedas, y ayuda a la gente que más lo necesite. Por ejemplo, yo necesité de ti y tú me ayudaste a salir adelante y a liberarme de ese infierno que me llevó al cielo.

Con todo mi cariño, amor y agradecimiento.

Aline

¡Se buscan!

La semana pasada me llevé un susto tremendo cuando vi en el periódico un desplegado con las fotos de Sergio y de Gloria que decía con letras grandotas: SE BUSCAN, como se hace con los delincuentes peligrosos. Resulta que el desplegado es de la Procuraduría General de Justicia del Estado de Chihuahua, la cual lo envió a los medios impresos nacionales para tratar de localizarlos. Debajo de las fotos viene el siguiente texto:

Datos e información que facilite la localización del C. Sergio Gustavo Andrade Sánchez y la C. Gloria de los Ángeles Treviño Ruiz (Gloria Trevi), para el esclarecimiento de los hechos denunciados por los padres de la menor Karina Alejandra Yapor Gómez, quien fuera confiada a dichas personas.

Favor de comunicarse a los teléfonos 429-3300 extensión 1312 y en la ciudad de México al 5208-0118. La dirección de correo electrónico es cerot@buzón.chihuahua.gotgobierno.mx

Qué puedo decirte, pues tú ya sabes cómo están las cosas. Por el momento creo que hasta aquí llego con Sergio y Gloria, que cada día la tienen más difícil. Ni tú ni yo sabemos cuál será el final de su historia, pero por lo que se ve, puede ser muy triste.

El punto de vista de un criminólogo

Los niños y los jóvenes, por su inexperiencia y su falta de malicia, son presa fácil de los engaños, abusos y bajezas de criminales pervertidos y sin escrúpulos, quienes los manipulan mentalmente, utilizándolos, haciéndolos objeto de la explotación, robándoles la libertad, la salud, el tiempo, la energía y hasta la vida misma.

Así como la fiera depredadora que ve a su presa como comida, el victimario ve a su víctima como a una cosa de la que puede sacar provecho, sin importarle el daño ni los sufrimientos que pudiera causarle, porque es perverso y carece de compasión.

Los niños y los jóvenes deben conocer las formas en que actúan estos criminales peligrosos, que suelen ocultar sus malas intenciones y su maldad fingiéndose amigos. Ante quienes eligen como víctimas, se presentan amables, risueños, honorables y muy educados. Para que confíen en ellos, se hacen publicidad como seres buenos y generosos, ayudan a los pobres, hacen regalos a los niños desamparados, algunos se hacen pasar como personas moralistas, espirituales, apegadas a la Iglesia, y hablan mucho de Dios y la religión.

En realidad, no son otra cosa que lobos feroces, ocultos bajo una piel de cordero.

Los criminales astutos y ladinos de este tipo utilizan varias formas para engañar a sus víctimas: las sorprenden con ingeniosos cuentos y atractivas promesas; saben que la vanidad es una de las debilidades humanas y que muchos jóvenes sueñan con ser ricos y famosos, que ambicionan ser admirados y queridos por todo mundo, y de eso se aprovechan, diciéndoles primero que tienen muy "buena imagen", una bella voz y un talento envidiable, con lo que podrían llegar a ser ricos y famosos, que les espera una vida de abundancia, de viajes. Y agregan que con los contactos y las influencias que ellos tienen, muy pronto aparecerán en el cine y en la televisión, que todo lo que necesitaban era que se les presentara una oportunidad, que ahora se les está ofreciendo y no deben desaprovecharla…

Cuando la víctima cae en el engaño, la realidad suele ser muy diferente: sus familiares creen que se les ha presentado una "magnífica oportunidad" para que sus hijos se hagan artistas, "ricos y famosos". A los jóvenes se les aparta de sus familias, inventándoles viajes y giras artísticas, se les hace adictos a las drogas. Cometen en su contra toda clase de bajezas y abusos sexuales; se les ve como una mercancía con la que se hace un comercio inmoral; se les usa para la pornografía, la prostitución y el delito. Abundan los casos de sadismo y de tortura, en los que se les somete a un régimen de amenazas y terror. Innumerables niños y jóvenes desaparecen sin dejar rastro, otros aparecen asesinados. Cuando se llega a localizar a algunos de ellos, ya son drogadictos, desconocen a sus familiares y lo más frecuente es que se nieguen a regresar a sus hogares.

Los cuentos y las promesas con las que estos criminales engañan a sus víctimas son ingeniosos y variados: abundan las sectas seudorreligiosas, en las que sus líderes se apoderan de la mente y de la voluntad de los jóvenes, volviéndolos adictos a la práctica de ritos que les hacen vivir en una especie de trance hipnótico, con lo que los enloquecen y se les hace víctimas de abusos y de explotación. Les hacen desconocer a sus familiares y ver como enemigos a los que no pertenecen a su secta inmersa en el fanatismo.

También abundan las escuelas fantasma, las agencias de modelos y de artistas; abundan las empresas falsas y los anuncios en los periódicos ofreciendo empleos muy lucrativos a jóvenes "bien formadas", en los que a las incautas se les obliga a viajar y a tratar a personas muy importantes. En realidad, suelen caer en trampas que son redes de tratantes de blancas, centros de servicio y de prostitución.

Existe un tipo de maniático sexual, violador y depravado, que ya ha encontrado una forma fácil y económica para disponer legalmente de su víctima y tenerla siempre a su disposición, como lo desee, cuando lo quiera y como lo quiera, sin correr riesgo alguno. Estos astutos delincuentes son seductores profesionales, que simulan un noviazgo en el que se comportan con admirable caballerosidad y educación. Con esto se ganan a la familia de la novia y, con el cuento de que están muy enamorados, ofrecen matrimonio y hasta se casan para poder disponer con toda libertad de la mujer, a quien convierten en su sirvienta y en su objeto sexual, cosa que ella acepta por el cuento de que, primero, ese sujeto es su esposo y más tarde, que es el padre de sus hijos. Las historias de las mujeres utilizadas y explotadas que se han visto deterioradas física y mentalmente por un sujeto irresponsable son muy frecuentes. Abundan las mujeres solas, abandonadas a su suerte y desprotegidas en el aspecto económico, que tienen que andar batallando con los hijos que les dejara uno de tantos criminales y violadores que, con la mayor tranquilidad del mundo, ya las han sustituido por alguna nueva víctima.

Debemos aprender a cuidarnos y a protegernos de los peligros de la vida, debemos entender que, así como existen las buenas personas, en las que podemos confiar, también abundan los bribones y los sinvergüenzas, a los que es necesario descubrir para alejarnos de ellos. Debemos aprender a protegernos de los criminales.

Es imperativo conocer bien a las personas en distintas circunstancias, conocer a sus familias, sus antecedentes; conocer cuáles son sus ideales y el objeto de sus vidas para saber si pueden ser confiables o no. Muchos criminales saben mentir, fingir y ocultar sus malas intenciones y su maldad. Podríamos descubrirlos si los observamos con detenimiento: son personas que no ven de frente, que esquivan la mirada, que suele ser sucia, fría, falsa, maliciosa, como de loco. Sonríen hipócritamente, mostrando los dientes; pero no sonríen con la mirada. Son personas carentes de ideales, seres que sufren y que sienten placer causando dolor. Son cínicos cuando se descubren sus malas intenciones. Ven a las personas como cosas, carecen de compasión y poseen una fría indiferencia ante la injusticia y el dolor ajeno. En la vida es necesario que avancemos

por el camino del amor hacia lo bello y agradable,
pero con los ojos bien abiertos.

México, D. F., junio de 1999

Sergio C. Jaubert

Adiós, Paco

Hoy me desperté tarde, muy tarde, pues tuve un fin de semana muy estresante. Fue mi presentación en televisión en el programa de Paco Stanley, *Sí hay y bien*; por primera vez cantaría en este medio las canciones de mi nuevo disco y me sentía feliz porque era un programa importante, que todo el mundo veía, los sábados a las 10 de la noche.

Estaba en mi camerino y primero entró Jorge Gil para preguntarme de qué quería hablar en el programa y pedirme algunos datos de mi libro anterior, de este nuevo y de mi disco. Platicamos un poco; es muy simpático, por cierto, y además, muy profesional. Unos minutos después entró Paco a saludarme. No olvido el momento en que venía entrando; despedía energía y buena onda por donde pasaba. Nunca imaginé que fuera tan buena onda fuera de la pantallas y me sorprendió darme cuenta de que era una persona súper simpática y bromista. Me dijo: "Vamos a hacer un programazo, te va a ir muy bien", y bromeó diciéndome: "¡Uy, sí hay y bien, ¿eh?!, ya veo por qué Sergio Andrade se apuntó contigo, nada tonto". Después cotorreó con mis bailarines y con mi mamá y se despidió con un "Suerte, nos vemos abajo".

Sólo quiero decirte que hoy estoy muy triste, porque mi padrino en esta difícil carrera del espectáculo, el primero que me dio la patada de la buena suerte frente a millones de personas "en mi regreso discográfico", el que me deseó y me auguró mucho éxito, ya no está con nosotros. Hoy se lo llevó Diosito y me siento muy afortunada de haber sido invitada en su último programa de *Sí hay y bien*.

Paco, gracias, mejor padrino no pude haber tenido y tu patada de la suerte se quedó conmigo para siempre, ¡gracias!

Aline

Esta obra se terminó de imprimir
en julio de 1999, en
Ingramex, S.A.
Centeno 162
México, D.F.

La edición consta de 30,000 ejemplares